DESCANSAR É RESISTIR

TRICIA HERSEY

DESCANSAR É RESISTIR
UM MANIFESTO

Tradução
STEFFANY DIAS

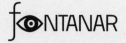

Copyright © 2020 by Tricia Hersey

O selo Fontanar foi licenciado pela Editora Schwarcz S.A.

Grafia atualizada segundo o Acordo Ortográfico da Língua Portuguesa de 1990, que entrou em vigor no Brasil em 2009.

TÍTULO ORIGINAL Rest Is Resistance: A Manifesto
CAPA Estúdio Bogotá
PREPARAÇÃO Ana Clara Werneck
REVISÃO Renata Lopes Del Nero e Gabriele Fernandes

Dados Internacionais de Catalogação na Publicação (CIP)
(Câmara Brasileira do Livro, SP, Brasil)

Hersey, Tricia
    Descansar é resistir : Um manifesto / Tricia Hersey ; tradução Steffany Dias. — 1ª ed. — São Paulo : Fontanar, 2024.

    Título original : Rest Is Resistance : A Manifesto.
    ISBN 978-65-84954-44-1

    1. Autocuidados de saúde 2. Crescimento pessoal 3. Feminismo 4. Mente e corpo 5. Mulheres afro-americanas 6. Mulheres negras 7. Relações étnico-raciais 8. Relaxamento I. Título.

24-203591   CDD-306.4309

Índice para catálogo sistemático:
1. Mulheres negras : Relações étnico-raciais : Sociologia educacional   306.4309

Tábata Alves da Silva – Bibliotecária – CRB-8/9253

Todos os direitos desta edição reservados à
EDITORA SCHWARCZ S.A.
Rua Bandeira Paulista, 702, cj. 32
04532-002 — São Paulo — SP
Telefone: (11) 3707-3500
facebook.com/Fontanar.br
instagram.com/editorafontanar

*Este livro é dedicado a meu pai,
Elder Willie James Hersey.
Quando eu era pequena e queria viajar
para a lua, obrigada por comprar aquela mala
na loja de departamentos.
Você é meu Ancestral supremo.*

Sumário

Prefácio..................................... 13
Introdução................................ 19

PARTE 1: DESCANSE!......................... 49
PARTE 2: SONHE!............................ 91
PARTE 3: RESISTA!.......................... 123
PARTE 4: IMAGINE!.......................... 149

Agradecimentos............................. 185
A biblioteca do Ministério do Cochilo.......... 187
Notas...................................... 189

Seu corpo é um lugar de libertação.
Ele não pertence ao capitalismo.
Ame seu corpo.
Descanse seu corpo.
Mova seu corpo.
Abrace seu corpo.

Espero que você esteja deitado enquanto lê este livro!

Prefácio

Descansar salvou a minha vida. Essa é a minha verdade. Não preciso que mais ninguém comprove isso, nem tenho necessidade de teorias complexas para confirmar o que sei ser real em meu coração, em meu corpo e em meu espírito. Minha peregrinação com o descanso como forma de resistência e prática de libertação é profundamente pessoal. Começou muito antes de alguém ouvir falar do Ministério do Cochilo nas redes sociais. Descansar foi a tentativa de resolver um problema na minha vida e, como a maioria das mulheres negras que vieram antes de mim, usei minha própria realidade e história para criar um caminho.

Eu estava em um programa de pós-graduação extremamente exigente, com dificuldades financeiras, doenças na família e a ameaça de violência racial sempre à espreita quando comecei a experimentar o descanso. Meu compromisso com descansar como forma de resistir surgiu das minhas experiências cotidianas sendo parte do ritmo industrial da nossa cultura e de sobreviver ao trauma do terror da pobreza, da exaustão, da supremacia branca e do capitalismo. Comecei a cochilar em cada pedaço do campus e quando estava em casa. Eu acreditava de verdade que precisava descansar porque estava exausta física e espiritualmente e não via outra maneira de conseguir dar conta de tudo. Sem pensar racionalmente se conseguiria ter sucesso, apenas me joguei. Fui movida pela intensa história do trauma cultural que pesquisei na pós. Eu devorava narrativas de escravizados enquanto estudava o terrorismo de Jim Crow e caía no sono com o livro no peito. Fui guiada por Harriet Tubman, que proclamou, após acordar de um sonho profético: "Meu povo está livre". Tive a audácia de proclamar a liberdade pelo descanso no momento presente. O descanso foi revolucionário para minha alma.

Este livro é um testemunho, um testamento da minha recusa em doar meu corpo a um sistema que ainda tem uma dívida com meus antepassados pela usurpação da sua força de trabalho e do Espaço do Sonho. Eu me recuso a levar meu corpo à beira da exaustão e da destruição. Aconteça o que acontecer. Acredito mais em mim do que no capitalismo. Nossa recusa abrirá espaço para a abundância. Precisamos dar um salto e confiar no descanso. Que o chão nos sustente e, se desabarmos, que um travesseiro macio nos acolha. Este livro é um brado de megafone para que o coletivo se junte a mim para se insurgir e resistir. O Ministério do Cochilo é um cobertor quente que nos envolve e nos leva de volta ao nosso eu mais profundo. Um lugar mais humano. Um lugar de descanso.

Nunca é fácil explicar por que fundei o Ministério do Cochilo. É uma história bastante orgânica, com várias camadas e detalhes complexos. Já fui questionada por estranhos, jornalistas e seguidores nas redes sociais, todos ávidos por detalhes instantâneos de por que eu sonharia com um projeto sobre tirar cochilos. É fantástico saber que a história não tem sido uma resposta fácil e direta, porque, assim como o pensamento decolonial, será necessário um enorme esforço que inclui cura radical, mudança, redenção e cuidado coletivo.

Tudo sempre começa com a experiência pessoal. As origens do Ministério do Cochilo remontam à história da minha família em partes fragmentadas. As micro-histórias e os pequenos detalhes da vida são fundamentais para nossa redenção. Minha ressurreição de descanso começa com o desespero que senti ao buscar alívio para minha própria exaustão por meio da curiosidade, da experimentação e da autopreservação.

Venho de um legado de exaustão. Minha avó materna, Ora, a musa deste trabalho, uma refugiada do terrorismo da era Jim Crow, descansava os olhos todos os dias, de trinta minutos a uma hora, na tentativa de se conectar e encontrar paz. Ouvi dizer que minha bisavó Rhodie ficava acordada até tarde da noite em sua fazenda no interior do Mississippi com uma pistola no bolso do avental para solucionar de forma criativa qualquer problema com a Ku Klux Klan. A realidade da nossa sobrevivência em um sistema de supremacia branca e capitalismo é impressionante. Fico maravilhada com o quanto nosso corpo pode suportar. Devemos aliviar a carga. A sobrevivência não é o objetivo final da libertação. Nós devemos prosperar. Nós devemos descansar.

Quando era criança, eu observava minha avó Ora, que, todo dia, se sentava em seu sofá amarelo coberto de plástico e meditava por trinta minutos que fossem. Ela fugiu do Mississippi como milhares de outros afro-americanos durante a Grande Migração da década de 1950. Flutuou até o norte do país em uma nave espacial construída a partir da incerteza e da esperança ao pousar em Chicago. De forma milagrosa, criou oito filhos enquanto se esquivava da pobreza, do racismo e da invisibilidade de ser uma mulher negra nos Estados Unidos. Seu compromisso de "descansar os olhos" todos os dias durante meia hora era radical. Sua capacidade de exigir espaço para "apenas existir" era uma forma de resistência.

Enquanto minha avó descansava os olhos, eu andava pela casa na ponta dos pés, tentando não acordá-la. Sempre pensei que ela estivesse dormindo sentada. Ficava curiosa com aquela prática de descanso e achava que ela era muito excêntrica. Sempre que eu perguntava se estava dormindo, sua resposta era a mesma: "Nem todo olho fechado está dormindo. Estou descansando os olhos e ouvindo o que Deus quer me dizer". Enquanto o mundo ao redor tentava esmigalhar seu espírito, ela descansava e resistia ao monstro da cultura da produtividade. Ela ensinou minha mãe a descansar e me ensinou a descansar. Sinto-me honrada por ser um navio a conduzir milhares de pessoas em sua própria jornada de descanso, à medida que encontramos nessa prática uma forma de nos tornar mais humanos.

Minha inspiração para descansar é profunda e expansiva. Sou inspirada pela invenção e pela oportunidade de criar algo do zero. Sou inspirada pela mudança e por ser subversiva. Sou inspirada pela transgressão e pela delicadeza. Sou inspirada pela imaginação. Sou inspirada pela dor, pelo luto e pelo lamento. Acredito profundamente em espaços de vulnerabilidade, geradores de cura. Sou inspirada pelo descanso, pelos devaneios e pelo sono.

Nosso descanso coletivo não será fácil. Toda a cultura colabora para que não descansemos. Eu compreendo plenamente. Estamos privados de sono porque os sistemas nos enxergam como máquinas, mas corpos não são máquinas. Nosso corpo é um espaço de libertação. Somos divinos, e nosso descanso é divino. Há sinergia, interconectividade e profunda cura coletiva no nosso movimento de descanso. Acredito que descansar, dormir, cochilar, sonhar acordado e desacelerar são práticas que nos ajudam a despertar e perceber a verdade sobre nós mesmos. O descanso é um portal de cura para o nosso eu mais profundo. Descansar é cuidado. Descansar é radical.

Devemos permanecer firmes no propósito de criar uma vida de descanso e cuidado radical, mesmo em meio à opressão. Descansar É Resistir é nosso lema e nosso mantra. É o nosso chamado. O descanso é uma forma de resistência porque inviabiliza e repele o capitalismo e a supremacia branca. Ambos os sistemas tóxicos se recusam a perceber a divindade inerente aos seres humanos e, durante séculos, têm usado nossos corpos como uma ferramenta para a produção, para o mal e para a destruição. A cultura da produtividade transformou todos nós em máquinas, dispostos a doar nossa vida a um sistema capitalista que prospera ao priorizar o lucro em detrimento de pessoas. O movimento Descansar É Resistir é uma conexão e um caminho de volta à nossa verdadeira natureza. Somos despidos até encontrarmos quem realmente éramos antes do terror do capitalismo e da supremacia branca. Nós somos suficientes. Somos divinos.

Se não descansarmos, não vamos sobreviver. Eu preciso que a gente consiga. Devemos triunfar. Sei que nosso descanso coletivo vai nos libertar e transformar pensamentos. É um movimento de descanso. Um movimento espiritual. Um movimento político fundamentado no cuidado e na justiça. Desprogramar a lavagem cerebral a que fomos submetidos demandará intenção e tempo. O descanso é uma prática meticulosa de amor, e passaremos o resto dos nossos dias nos libertando da privação de sono e da socialização que assimilamos em relação ao descanso. Isso é uma bênção. O descanso é radical porque desarma a mentira de que não estamos produzindo o suficiente. É um grito: "Não, isso é mentira. Sou o bastante. Eu mereço isso agora e sempre porque estou aqui". Nosso corpo não pertence a esses sistemas tóxicos. Nós sabemos. Nosso espírito sabe.

O legado da exaustão se encerra aqui. Convido você a adentrar o portal que o descanso propicia. O capitalismo não pode me dominar. A supremacia branca não pode me dominar. Junte-se a mim na recuperação do nosso Espaço do Sonho. A hora de descansar é agora.

Introdução

Eu desejo que você descanse hoje. Desejo que compreenda profundamente que a exaustão não é uma forma normal de viver. Você é suficiente. Você pode descansar. Você deve resistir a tudo que não engradeça sua divindade como ser humano. Você é digno de cuidado.

Quero que este livro seja uma oração. Um guia do movimento Descansar É Resistir. Um documento para consultarmos enquanto navegamos pela realidade do capitalismo e da supremacia branca, que usurpa nosso corpo, nosso lazer e nosso Espaço do Sonho. Que seja uma bênção sussurrada em seu corpo e em sua mente. Uma peregrinação arraigada rumo ao descanso. Que seja um testemunho da nossa sobrevivência coletiva e do nosso êxito presente e futuro. Você não pertence ao sistema de produtividade excessiva. Saia desse ciclo violento. Ele vai se desfazer em chamas porque nós o incendiamos. A cultura da produtividade excessiva não pode dominar você.

Imagine um mundo sem opressão.
Continue nesse lugar. Visualize a serenidade.
Respire fundo.
Visualize um mundo fundamentado na justiça.
Permaneça aqui.

Bem-vindo ao seu Espaço do Sonho. Uma ideia. Um devaneio. Permaneça aqui. Permaneça em repouso. Permaneça no Espaço do Sonho. Nosso descanso coletivo vai nos salvar. Você é suficiente. Nossos sonhos são suficientes. Essa é uma prática de imaginação. Um portal se abre quando desaceleramos. Você pode descansar.

Eu sonho com um mundo que seja justo com todos aqueles que estão privados de sono, exaustos e encarcerados na agitação e nas arapucas da supremacia branca e do capitalismo. Que tenhamos espaço para conduzir nossa vida em um estado de repouso e libertação. Que toda a cultura desacelere. Que possamos descansar juntos.

Toda a nossa sociedade, acredito, está privada de sono e exausta. Então, se você está segurando este livro, me sinto feliz porque espero que o que escrevi seja um grito de guerra, um manual, um guia prático, um travesseiro e um mapa para o movimento Descansar É Resistir. Um manifesto para os cansados e esperançosos. Uma ferramenta de imaginação.

As pessoas estão despertando. As pessoas estão despertando. Estão despertando para a verdade da sua manipulação por sistemas tóxicos. Estão despertando para a cura. Estão despertando para o descanso. Não seremos mais mártires da cultura do trabalho excessivo. Tal cultura é uma colaboração entre a supremacia branca e o capitalismo, que concebem nosso divino corpo como máquina. Nosso valor não está associado ao quanto produzimos. Existe outro caminho. Compartilhamos uma história de extrema desconexão e negação. Ignoramos a necessidade de descanso do nosso corpo e, com isso, perdemos o contato com o espírito. Nosso corpo é o nosso templo. É o único bem que possuímos. Nosso corpo é uma ferramenta de mudança. É um lugar de libertação. Nosso corpo entende. A hora de descansar é agora. Nosso descanso coletivo mudará o mundo porque se fundamenta em um espírito de recusa e ruptura. O descanso é o nosso protesto. É resistência. Descanso é reparação.

Permaneço grata pelo mistério do desconhecido, pela experimentação e pela constante exigência de libertação, independente do que os sistemas nos tenham dito. Sou grata por nossa divindade, à qual temos acesso não importa o que estejamos vivendo. Grata pelo conhecimento metafísico, telepático e profundo de que nosso valor não está ligado ao peso do trabalho que podemos suportar. Esta mensagem de descanso é também de poder sobre a opressão. O descanso é um bálsamo. Nós Vamos Descansar!

PRINCÍPIOS DO MINISTÉRIO DO COCHILO

1. Descansar é uma forma de resistência porque inviabiliza e repele o capitalismo e a supremacia branca.

2. Nosso corpo é um espaço de libertação.

3. O cochilo abre um portal para imaginar, inventar e curar.

4. Nosso Espaço do Sonho foi roubado e nós o queremos de volta. Vamos recuperá-lo por meio do descanso.

Esses princípios me ocorreram em sonhos, ao longo de alguns meses, quando comecei a buscar tranquilidade descansando. Cada um deles revelou e desbloqueou uma intensa cura em minha própria consciência e uma conexão profunda com as maneiras como a cultura da produtividade excessiva enfraquece o amor por nós mesmos e pela comunidade. Quando escrevi esses princípios pela primeira vez no papel, fiz alguns rabiscos em um caderno para fundamentar minha experimentação pessoal do descanso. Quis meditar sobre cada um deles para compreender o que acontecia em meu espírito enquanto recuperava meu tempo dos poderes constituídos.

PRINCÍPIO I: DESCANSAR É UMA FORMA DE RESISTÊNCIA PORQUE INVIABILIZA E REPELE O CAPITALISMO E A SUPREMACIA BRANCA

O primeiro princípio tilinta em meus ouvidos como um sino baixinho. Tornou-se meu grito de guerra secreto quando me deitava na cama ou no sofá para aprofundar minha conexão com meus antepassados, para descansar por eles, para salvar minha própria vida. Cada vez que eu despertava de um momento de descanso, as coisas pareciam diferentes. Minha aparência estava diferente, assim como meu pensamento; coisas que eu não conseguia resolver quando estava acordada faziam sentido depois de um cochilo. Eu sonhava que minha avó Ora segurava minha mão e caminhava por um campo verdejante, enquanto o sol brilhava em nossos rostos. Não tínhamos andado muito quando de repente ela gesticulava para que eu fizesse do campo minha cama. Quando soltava a mão dela, deitava-me devagar na grama, e ela se deitava bem ao meu lado. Ficávamos uma de frente para a outra, nos olhando atentamente. Ela percorria todo o meu rosto com os olhos, e eu fazia o mesmo. A sensação de admiração e fascinação me preenchia, e eu me sentia muito segura, aquecida e protegida. Acordava do sonho com o maior sorriso. Eu não queria que acabasse.

Os sistemas nos manipularam e nos socializaram para que vivêssemos exaustos. Podemos permanecer presos em um infinito ciclo de trauma. Se não nos conectarmos com a verdade da nossa divindade, estaremos sujeitos a uma lavagem cerebral contínua. Já me perguntaram milhares de vezes: "Como é possível descansar e trabalhar para poder me sustentar?", ou: "Adoraria descansar mais, mas tenho contas a pagar. Como consigo fazer isso?". Ouvi essas perguntas desesperadas de inúmeras pessoas exaustas, e elas têm relação direta com a crise atual da nossa cultura.

O capitalismo foi criado a partir da plantation, um sistema de produção agrícola escravocrata. Suas raízes são a violência e o roubo. Em nossa cultura, encobrimos essa verdade histórica. Mergulhar nas fissuras dessa realidade é fundamental para que você consiga se libertar da programação da produtividade excessiva. Compreender essa verdade e refletir sobre ela pode nos levar a um lugar de luto. Devemos sentir essa dor. O descanso ampara nosso luto ao abrir um espaço a partir do qual podemos começar a nos curar do trauma da cultura da produtividade. Passar por esse luto é um ato sagrado e uma das maneiras de nos reconectarmos com nosso corpo, à medida que elaboramos uma prática de descanso.

O capitalismo nos encurralou de tal forma que só conseguimos vislumbrar duas opções: (1) Trabalhar como máquinas em um cenário de desconexão e exaustão ou (2) Criar espaço para descansar e nos conectar com nossa verdadeira essência, mas sempre preocupados com como iremos nos alimentar e viver. Essa perspectiva binária e rígida, combinada com a realidade violenta da pobreza, nos mantém em um contexto de privação de sono e de constante luta pela sobrevivência.

Para nos libertarmos dessas mentiras, precisamos nos desprogramar e desbravar o poder do descanso, além da capacidade de sermos flexíveis e subversivos. Existem mais de duas opções. As possibilidades são infinitas, embora sejamos confrontados com o modelo de escassez do sistema capitalista. Por isso, você acredita falsamente que nada é suficiente: não há dinheiro, não há cuidado, amor, atenção, paz, conexão ou tempo o bastante. Há sim, em abundância.

O cerne deste manifesto é a desesperada e válida pergunta: "Como posso descansar se tenho contas a pagar?". Ela é uma prova do trauma sofrido pelas mãos da cultura do trabalho excessivo e evidência da nossa necessidade de repensar o descanso. O descanso como forma de resistência fará parte de um desprendimento que vai durar a vida toda. É uma mudança de paradigma, uma prática lenta e consistente, cheia de graça. É preciso imaginar um novo caminho, e o descanso é a base dessa invenção. Devemos usar todas as ferramentas de que dispomos para constantemente reparar o que a cultura da produtividade nos fez. Passaremos a vida desmantelando e rejeitando essa cultura. Esse fato deve nos fazer acreditar que um novo futuro é possível. Inspire-se e mantenha em mente a perspectiva do descanso. Devemos reagir juntos contra qualquer sistema que continue a desconsiderar nossa divindade. Ser colonizado é aceitar e acreditar na mentira de que nosso valor está relacionado à quantidade de trabalho que realizamos. Repita para si mesmo: *Eu sou suficiente agora*. Não existe alternativa. Todos nós participamos, de forma voluntária ou não, do fascínio da cultura da produtividade excessiva. Fizemos isso porque, desde que nascemos, somos pouco a pouco doutrinados no culto da urgência e da desconexão através da cultura da supremacia branca.

Toda a cultura colabora para que nós não descansemos, e, ao dar ouvidos ao próprio corpo e descansar, muitos sentem extrema culpa e vergonha. Aceite como forte evidência o fato de que você foi manipulado e enganado por um sistema violento. Agora, com esse entendimento, você pode passar pelo luto, restaurar-se, descansar e se curar. Podemos nos alegrar com a beleza de um véu sendo removido. É o começo do novo mundo que podemos criar. Portanto, fique aqui, descansando, mesmo que por alguns minutos todos os dias, antes de mergulhar no conforto de elaborar intelectualmente a prática do descanso. O descanso é uma atividade arraigada, é um desprendimento para toda a vida. Não funciona como uma tendência, não é rápido ou superficial. O descanso é uma prática antiga, lenta e conectada, que o envolverá de maneiras arrebatadoras. Seja surpreendido pela desprogramação da cultura da produtividade excessiva. Permita que todo o seu ser comece lentamente a se transformar. Permita-se perder a si próprio no descanso. Pegue os cobertores, busque a serenidade e esteja aberto às formas como o descanso vai surpreendê-lo e acalmá-lo.

Eu poderia contar inúmeras histórias sobre momentos em que estive exausta. Vi meus pais e avós no mesmo estado muitas e muitas vezes. Milhões de casos e exemplos de situações em que meu corpo foi levado à beira do verdadeiro estrago e total desconexão. Eu poderia compartilhar com vocês esses momentos delicados e silenciosos em que não sabia se conseguiria continuar porque meu corpo e minha mente estavam muito cansados, fatigados, à beira do completo esgotamento. Acredito que um legado de exaustão resida em algum lugar de todos nós, mas especificamente nos corpos daqueles que têm mais melanina na pele. Para os descendentes do trabalho escravizado e para os marginalizados, essa sensação é intensa. A privação do sono é um problema de saúde pública. É também uma questão espiritual.

Fomos treinados para acreditar que tudo o que conseguimos se deve apenas ao nosso esforço. Isso é uma mentira, pois existe uma dimensão espiritual em tudo e em cada coisa que fazemos. Compreender que somos seres espirituais atravessando um mundo material nos abre para as possibilidades do descanso como prática espiritual. Toda a nossa existência é uma prática espiritual. Grande parte da nossa resistência a descansar, dormir e desacelerar é um problema do ego. Acreditamos que podemos e devemos fazer tudo por conta da nossa obsessão pelo individualismo e da nossa desconexão com a espiritualidade. Nada que realizamos na vida está totalmente livre da influência do espírito e da comunidade. Não fazemos nada sozinhos.

Afirmo expressamente que priorizar o descanso, os cochilos, o sono, a desaceleração e o lazer em um mundo capitalista, de supremacia branca, capacitista e patriarcal é viver fora da curva. É uma jornada repleta de serenidade, intenção e cuidado comunitário. Sozinhos, não seremos capazes de interromper a engrenagem da produtividade excessiva. Precisamos uns dos outros de mais maneiras do que podemos acreditar. É um trabalho de cuidado comunitário radical.

PRINCÍPIO 2: NOSSO CORPO É UM ESPAÇO DE LIBERTAÇÃO

Para sermos mais humanos, retornando ao nosso estado natural antes das mentiras, do terror e do trauma deste sistema. Sermos quem éramos antes da subjugação da supremacia branca, do capitalismo e do patriarcado: esse é o poder do descanso. Para não sermos mais devastados pela necessidade incessante desta cultura de continuar a produzir a qualquer custo. É por isso que descansamos.

Parte central da nossa prática de descanso é lamentar a realidade de sermos manipulados para acreditar que não somos suficientes, divinos ou valiosos para além de nossas realizações e conta bancária. É triste e perturbador. Só comecei a confrontar e reconhecer a dor presente em mim e em tantos outros em 2015, quando a base do Ministério do Cochilo começou a se estruturar de fato. Compreendo que muitas pessoas que estão lendo este livro nunca sentiram a tristeza e a dor de terem seu valor vinculado à produtividade e ao dinheiro. Esse fato por si só já é motivo suficiente para descansar. Mas não se pode simplesmente dizer a alguém que foi traumatizado pelo capitalismo desde o nascimento para se deitar e descansar, sem abordar a realidade da nossa lavagem cerebral. Quando finalmente despertamos para a verdade sobre o que um ritmo de trabalho industrial fez com nosso corpo físico, nossa autoestima e nosso Espírito, o desprendimento começa.

Ao aconselhar pessoas que têm um desejo extremo de desacelerar e descansar, testemunhei maneiras sutis e ousadas como a cultura de produção excessiva nos engoliu por inteiro. Com a maternidade, pude testemunhar como essa cultura inicia sua socialização do medo e da urgência. Mesmo antes de meu filho nascer, a indústria médica já se apressou para tirá-lo do meu ventre. Durante a gravidez, a médica ficou obcecada com o tamanho do bebê. No oitavo mês, a preocupação dela me levou a um especialista para fazer um ultrassom mais detalhado, para descartar a possibilidade de gêmeos. Eu já sabia que não teria gêmeos e previ corretamente o sexo dele. Eu sabia que ele poderia ser um bebê grande porque tenho 1,83 metro e toda a minha família, incluindo meus pais, tinha pelo menos a mesma altura. Todas as mulheres do meu núcleo tiveram bebês grandes. Compartilhei esse histórico com a médica, mas, como muitos no sistema de saúde, ela não me deu ouvidos. Em minha última consulta, quatro dias antes da data prevista para o parto, ela sinalizou que eu precisaria fazer uma cesariana porque não tinha certeza se eu conseguiria dar à luz um bebê tão grande. Ela também contou que teve complicações no último parto de bebê grande que realizara e que estava sendo processada porque entraram com uma ação judicial. Nas palavras dela: "Vamos tirá-lo agora".

Fiquei arrasada e implorei que me deixasse tentar ter um parto normal. Disse a ela que meu bebê não pesava mais de quatro quilos como os exames mostraram. Respondi com profunda confiança: "Ele vai nascer pesando 3,600 quilos. Eu sei disso em meu espírito!". Em um tom apressado e urgente, ela disse que não e que eu faria uma cesariana naquela mesma noite. Fiquei desolada e fui para casa chorando enquanto me preparava para ir ao hospital dar à luz. Lá, tive uma cesariana bem-sucedida e, quando puseram meu bebê na balança, ele pesava 3,600 quilos, exatamente como eu havia previsto. A médica, chocada, não parava de repetir: "Você sabia!".

O que me impressionou nessa experiência foi como o capitalismo recebeu pleno poder para controlar e conduzir a chegada do meu filho ao mundo. A cultura da produtividade controla todas as facetas da nossa vida. O medo do que poderia acontecer se encarássemos o desconhecido é criado pelo capitalismo e por seu culto à ocupação e à produtividade. Estamos enredados em uma teia que parece inevitável e sem saída. Você confiará em mim e em sua divindade o suficiente para acreditar que há esperança? Você pode confiar, mesmo por um segundo, que é possível viver em um futuro de descanso? Peço que caminhemos juntos devagar por esse caminho, que deitemos juntos e cuidemos uns dos outros coletivamente de uma forma que o descanso seja possível.

O medo, que é função da cultura da produtividade excessiva, conseguiu impulsionar o pensamento da médica, que ignorou minha intuição, gerando a dor e a decepção de uma cesárea desnecessária. Ela queria que meu filho saísse imediatamente para que ela pudesse passar para a próxima paciente, sem sofrer uma ação judicial nem esperar mais para permitir que o trabalho de parto começasse de forma natural.

Anos depois, meu filho deixou o conforto da nossa casa pacata e ingressou no sistema escolar público, e comecei a observar, aos poucos, como sua voz, sua conexão com o próprio corpo e sua intuição eram atacadas. No ensino fundamental, os alunos são treinados para serem trabalhadores capazes de seguir ordens, memorizar fatos e chegar na hora certa, aconteça o que acontecer. As habilidades de imaginação e pensamento crítico são substituídas por aprendizagem normatizada e testes padronizados. Atuei como voluntária na sala de aula do terceiro ano do meu filho toda semana e percebi que diziam às crianças: "Segure o xixi. A pausa para ir ao banheiro é daqui a vinte minutos". Observei com horror um menino de oito anos se contorcer, tentando esperar os vinte minutos até que pudesse permitir o alívio de seu corpo. A professora, obviamente sobrecarregada com uma turma grande, continuou a ignorar os sinais, e ele acabou se urinando ali mesmo. Ajudei a levá-lo ao banheiro para se limpar e o acompanhei até a secretaria, onde pedimos a seus pais que levassem uma muda de roupa para ele.

Esse chocante desrespeito ao corpo desse aluno e o constrangimento desnecessário que ele e outras crianças sofrem na rede pública de ensino iniciam o processo de aprender a ignorar as necessidades do corpo. A lavagem cerebral começa. O processo de diminuir e mesmo remover as horas de educação física, recreio e soneca nas escolas é mais uma prova de uma cultura negligente com espaço, conexão e desaceleração. Ininterruptas, a socialização e a manipulação dos sistemas se tornam então internalizadas e nos tornamos os agentes dessa cultura.

Muitas pessoas acreditam que a cultura da produtividade excessiva é um monstro fantasioso que controla todos os nossos movimentos quando, na realidade, nós nos tornamos a cultura da produtividade. Nós somos a cultura da produtividade. A cultura da produtividade são os nossos comportamentos, expectativas e compromissos cotidianos uns com os outros e com o mundo ao nosso redor. Fomos socializados, manipulados e doutrinados por tudo na sociedade para acreditar nas mentiras da cultura da produtividade. Para que um sistema capitalista prospere, nossas falsas crenças na produtividade e no trabalho devem permanecer. Internalizamos seus ensinamentos, e nosso espírito se torna como o de um zumbi; nosso corpo fica exausto. Portanto, nos esforçamos e exigimos esforço dos outros, com o pretexto de sermos hiperprodutivos e eficientes. Desde muito jovens, iniciamos o longo processo de nos desligarmos da necessidade de descanso do corpo e somos elogiados quando trabalhamos até a exaustão. Dizemos aos filhos que "parem de ser preguiçosos" quando não participam da cultura da produtividade com a mesma intensidade que nós. Perdemos, primeiro, a empatia por nós mesmos e nos esforçamos excessivamente. Nos tornamos gestores, professores e líderes que caem na armadilha do fascínio de um sistema capitalista e tratam aqueles com quem temos a honra de trabalhar como máquinas humanas. Nos tornamos rígidos e impacientes quando não concluímos nossa lista de coisas a fazer com perfeição. Nos tornamos menos humanos e menos seguros. Acreditamos que devemos apenas sobreviver, e não prosperar. Enxergamos o cuidado como algo desnecessário e sem importância. Acreditamos que não precisamos de fato descansar. Acreditamos falsamente que o trabalho árduo garante o sucesso em um sistema capitalista. Tenho ouvido isso constantemente desde que me entendo por gente. Nas noites em que trabalhava em dois empregos, ainda incapaz de pagar minhas contas em dia ou economizar, continuava a repetir para mim mesma: "Trabalhe até tarde, continue trabalhando duro, vá para a faculdade, encontre um terceiro emprego e um projeto paralelo". Lembro-me perfeitamente do momento em que percebi como um sistema capitalista, patriarcal, capacitista e racista nunca poderia abrir espaço para o sucesso que eu queria para mim. O "sucesso" da cultura da produção excessiva tem como medalhas de honra o labor constante, a riqueza material e o excesso de trabalho. O descanso é o processo inicial de desfazer o trauma, para que possamos prosperar e evoluir de volta ao nosso estado natural: um estado de tranquilidade e relaxamento.

Devemos sobreviver e, por fim, prosperar porque somos divinos. Toda a cultura está colaborando para que não descansemos. Isso inclui: ensino público dos segmentos fundamental e médio, ensino superior, fé e denominações religiosas, indústria médica e organizações sem fins lucrativos, organizações de ativismo, corporações. Mesmo aqueles que afirmam fazer parte da indústria do bem-estar promovem a pressa, o trabalho em excesso, o capitalismo, a competição e a cooptação do trabalho das práticas indígenas para obter influência e dinheiro. Acredito que as instituições acadêmicas são a matriz da cultura da produtividade excessiva, e é uma epifania perceber que a energia e a ideia do Ministério do Cochilo surgiram enquanto eu sofria de exaustão em um programa de pós-graduação.

Nossos comportamentos cotidianos e falsas crenças sobre produtividade nos levam a viver de maneira robótica, como máquinas. É a partir da cultura da supremacia branca que mantemos a nós mesmos e aos outros atrelados à mentira da urgência. E nunca seremos capazes de descansar nem seremos libertados da opressão enquanto honrarmos e nos alinharmos a essa cultura. Libertação e opressão não podem ocupar o mesmo espaço. Não existe essa possibilidade. Devemos avançar devagar e com intenção à frente desse rompimento. Este manifesto não é um simples lembrete para descansar, mas um completo desmantelamento, uma orientação para um futuro de descanso. É um trabalho político, sem receio de encarar nossa obscura história partilhada, que está sendo recriada através da nossa ilusão individualista e desconectada do que realmente acontece quando não descansamos de verdade.

Nossa libertação está profundamente ligada ao portal de cura que podemos acessar quando descansamos. Onde quer que o nosso corpo esteja, podemos encontrar descanso, tranquilidade e libertação. Parte da nossa decolonização está na desprogramação da lavagem cerebral e na nossa revelação do descanso como direito divino. Nós somos divinos. Nosso corpo é divino. É um espaço de libertação. Onde quer que nosso corpo esteja, podemos encontrá-lo, tomá-lo de volta e priorizar o descanso.

PRINCÍPIO 3: O COCHILO ABRE UM PORTAL PARA IMAGINAR, INVENTAR E CURAR

Este trabalho é um grito de guerra por estarmos cansados do capitalismo e da supremacia branca. Este é um lugar de descanso. Um espaço alternativo e temporário de alegria e liberdade. A maneira como ambos os sistemas percebem os corpos humanos é cruel e insustentável. Ninguém é visto em seu íntimo. Em vez disso, somos percebidos como menos que humanos, somos máquinas a serem usadas, abusadas e ignoradas. Esta é uma reflexão sobre o descanso como resistência. Sobre o descanso como reparação. Esta é uma reverberação para meus ancestrais. Que minhas ações nesta vida os contentem. Que o ritmo dos tambores traga a libertação. Que você se junte a nós enquanto descansamos.

O Ministério do Cochilo é a favor da resistência e da serenidade. Descansar É Resistir é uma mensagem que devemos segurar nas mãos, abraçar enquanto dormimos, com a qual deitamos, ao pensar em todas as maneiras pelas quais nosso corpo pode reservar espaço para a libertação. Descansar nosso corpo e mente é uma forma de reverência. Quando honramos nosso corpo ao descansar, nos conectamos com as partes mais profundas de nós mesmos. Criamos liberdade. Que histórias guardamos lá no fundo que não foram contadas e descobertas porque estamos exaustos demais? Esta prática de descanso reserva espaço para nossas memórias, nossas micro-histórias e todas as coisas que nos tornam humanos.

Pode ser difícil resumir em poucas linhas a ideia de descanso como resistência e como reparação. Para nós, não é intuitivo acreditar que descansar não é perda de tempo. Não acreditamos que o descanso gere liberdade e resistência. Nunca aprendemos isso em nossa cultura. A ideia de não fazer nada, mesmo que por pouco tempo, é vista como sinônimo de preguiça e improdutividade. Por isso, a explicação de como o descanso é uma forma de justiça precisa ser complexa e detalhada. Aprendi que uma das formas mais concisas e verdadeiras de transmitir a mensagem do descanso é dizer: "O descanso nos torna mais humanos. Nos leva de volta à nossa humanidade". Ser mais humano. Estar conectado com quem e com o que realmente somos está no cerne do nosso movimento.

Desde o início do Ministério do Cochilo, tenho dito e repetido: "Nós promovemos mais do que cochilos". Percebo que é muito fácil para nós, como cultura, adotar essa prática de um modo rápido e superficial. As redes sociais tornam muito sedutor rolar rapidamente o feed e se sentir entusiasmado com o conteúdo que lá está. Temos um envolvimento sem profundidade, estudo demorado ou incorporação. Os memes da nossa página,[*] ou o que gosto de chamar de "mensagens de propaganda", são uma das muitas ferramentas que utilizo para estabelecer uma base para desprogramar a cultura da produtividade excessiva. Mas há sempre uma compreensão incompleta quando nos envolvemos nas redes sociais, porque elas foram criadas para serem uma extensão do capitalismo. Os designers das plataformas nos querem o dia inteiro navegando, gastando dinheiro e absorvendo mensagens de maneira superficial, sem real conexão.

Para compreender verdadeiramente o cerne das mensagens, teremos que largar os nossos telefones e computadores e descansar. Teremos que examinar intensamente as maneiras como a cultura da produtividade excessiva nos

---

[*] O perfil é @thenapministry, e pode ser encontrado no Instagram e no X. (N. E.)

traumatizou e então começar o processo perpétuo de cura do trauma. O trabalho é mais do que simplesmente tirar cochilos e dormir, é um desprendimento total das garras da nossa compreensão tóxica sobre o valor que temos como seres humanos divinos. Em nossa cultura o luto não é feito, ele é visto como uma perda de tempo porque é um lugar poderoso de reverência e libertação. Uma pessoa que atravessou o luto é uma pessoa curada. Você consegue adivinhar por que a nossa cultura não quer uma pessoa curada?

Você é digno de descanso. Nós não precisamos merecer descanso. O descanso não é um luxo, um privilégio ou um bônus pelo qual devemos esperar quando estivermos esgotados. Ouço tantas pessoas repetirem o mito de que o descanso é um privilégio. Eu compreendo esse conceito e, ainda assim, discordo profundamente dele. O descanso não é um privilégio porque nosso corpo ainda é nosso, não importa o que os sistemas atuais nos digam. Quanto mais pensamos no descanso como um luxo, mais acreditamos nas mentiras sistemáticas da cultura da produtividade excessiva. Nosso corpo e espírito não pertencem ao capitalismo, por mais que isso seja teorizado e pregado a nós. Nossa divindade garante isso, e é nosso direito reivindicá-lo com ousadia. Nunca vou me matar de trabalhar. Confio no Criador e nos meus ancestrais para sempre abrirem espaço para meus dons e talentos sem precisar trabalhar até a exaustão.

Quando pudermos começar a explorar a fundo quem somos de verdade, muita opressão deixará de existir. Acredito que os poderes constituídos não nos querem descansados porque sabem que, se descansarmos o suficiente, vamos descobrir o que está acontecendo e derrubar todo o sistema. A exaustão nos mantém letárgicos, como zumbis, trabalhando.

O excesso de trabalho e o trauma do esgotamento continuam a degradar nossa divindade. Quando soubermos e lembrarmos que somos divinos, não participaremos e não permitiremos nada em nosso coração e mente que não tenha amor e cuidado. Trataremos a nós mesmos e uns aos outros como os seres ternos e poderosos que somos. Quando digo que dormir ajuda a acordar, quero dizer que ajuda a despertar para a verdade sobre quem e o que você é. E o sistema não quer isso, pois desmoronaria sob o peso desse poder.

Tenho certeza de que algumas coisas me mantêm concentrada no descanso: meu corpo, minhas células, minha pele, meu coração, meu fôlego; portanto, muito afetuosamente, deposito nessas coisas minha mais profunda liberdade e cuidado. Não pertenço aos sistemas. Eles não podem dispor de mim. Nunca doarei meu corpo a um sistema que me veja apenas como uma ferramenta de produção. É preciso que você comece a sentir isso, pouco a pouco, e que declare que os sistemas não podem possuí-lo. Será necessário um intenso esforço, mas é um imaginativo e belo trabalho, um processo para toda a vida. Sou grata por termos uma vida inteira: nossa cura não precisa ser apressada nem urgente. Temos uma vida inteira. Podemos avançar devagar. Podemos ir fundo. Podemos mergulhar nas fissuras.

Ao levantar hoje e amanhã, pense: "Quando e onde consigo encontrar um momento de descanso?". Você pode planejar dez minutos de reflexão em sua mesa de trabalho, trinta minutos de cochilo no fim de semana ou um minuto para descansar os olhos. Continue ponderando e abrindo espaço para se desintoxicar da tecnologia. Preste atenção. Em que dia você poderá deletar um aplicativo do seu telefone e manter seu espaço e tempo para si mesmo? Como poderá um dia dizer não a um pedido que não é bom para você? Como vai estabelecer limites firmes, com delicadeza, que nos ensinem o significado do cuidado comunitário? Todas essas coisas são uma forma de descanso.

Você consegue encontrar maneiras de estar na natureza, olhar para o céu, firmar os pés na grama, conectar-se com a terra, já que a terra também precisa de cura? Olhar pela janela do trem e do ônibus salvou minha sanidade durante o auge da minha exaustão. A supremacia branca e o capitalismo têm usado os corpos para o mal há séculos. De maneira violenta, forçam o trabalho literalmente esmagador, ignorando quaisquer limites. Para os agentes da cultura da produtividade excessiva, o corpo não é uma morada divina, e sim um veículo de lucro. Eu arrastava meu corpo cansado pela rua até o ponto de ônibus, a caminho de um trabalho mal remunerado de mais de quarenta horas por semana. Apenas olhava pela janela do trem em movimento, desfrutando um momento de paz e calma. Eu me conectava com o céu, observava o movimento das árvores, avistando um pássaro favorito. Esses momentos acalmavam intensamente o meu espírito. Nessas horas, sabia que me sentia melhor. A oportunidade de respirar fundo enquanto descansava os olhos se tornou uma tábua de salvação. Agora sei que foram momentos de descanso. Fui capaz de tirar minha mente da produtividade e me estabelecer em minha existência pura para apenas existir e recuperar meu corpo como meu.

O Ministério começou enquanto eu sonhava acordada, cochilando e desacelerando, porque meu corpo e meus ancestrais me orientaram a fazer isso. A ideia de viver em um mundo sem fazer parte dele é uma tradição de longa data que me foi ensinada pelos meus antepassados. Meus avós e meus pais vivenciavam isso todos os dias, e eu cresci na escola dominical cantando músicas congregacionais que diziam: "A alegria que eu tenho/ Não foi o mundo que me deu/ Não foi o mundo que deu/ O mundo não pode tirá-la de mim". Sou grata por essa política de recusa e de escuta do que sabemos ser verdade.

É arriscado fazer o oposto do que a cultura dominante deseja. Nosso trabalho é, aos poucos e profundamente, cultivar um conhecimento interior expansivo que confie em nossa intuição e enxergue o descanso como uma transgressão física e psicológica. Podemos dominar o tempo quando descansamos, e sou grata pela desaceleração e pelo trabalho concretizado de recusa. É libertador desacelerar e interromper a necessidade de pressa da cultura dominante. A práxis é apenas existir, aprofundar-se no que já se é e que nunca poderá ser tirado de nós. Não precisamos ficar com os olhos e a boca bem abertos, tentando realizar mais, ser mais, fazer mais. A cultura da produtividade excessiva normalizou levar nosso corpo à beira da destruição. Dizemos com orgulho que comparecemos ao trabalho ou a um evento apesar de uma lesão, doença ou colapso mental. Somos elogiados e recompensados por ignorarmos a necessidade de descanso, cuidado e reparação do corpo. O ciclo de se acabar de trabalhar como uma máquina se perpetua e é internalizado como o único caminho possível.

Somos renovados quando adentramos o portal dos cochilos. Quero que você se firme em sua imaginação. Encontre refúgio na beleza e no poder do cuidado comunitário e do nosso devaneio. Podemos construir, descansar e instaurar um novo caminho cujo cerne seja a libertação e o cuidado, independente do que os sistemas continuem a fazer. O descanso é um portal. O silêncio é um travesseiro. O sabá, ou dia sagrado de descanso, é nossa tábua de salvação. A pausa é a nossa bússola. Vá buscar sua cura. Seja revolucionário. Retroceda. Desacelere. Tire um cochilo.

Como artista, sempre fui inspirada pelo silêncio e pela desaceleração. A função do artista é fazer coisas novas e restaurar. Sou obcecada pela restauração, tanto comunitária quanto individual. Onde quer que o Espírito esteja, a cura pode acontecer. Sinto-me inspirada pela invenção e pela oportunidade de criar algo do zero. Sou interessada em remodelar as coisas. Sou inspirada pela dor, pelo luto e pelo lamento. Para mim, esses são espaços de vulnerabilidade e de cura. Essas formas de existência devem ser protegidas. Um acerto de contas deve acontecer.

O Ministério do Cochilo é uma reflexão sobre o descanso como resistência. Ele traz à tona o poder de desmantelar os sistemas tóxicos que criam trauma e terror em nosso corpo e alma. Nosso foco é o descanso como meio de cura e libertação. Acreditamos que a privação de sono é uma questão de justiça racial e social. Devemos aceitar esta profunda verdade: os Estados Unidos não são um lugar acolhedor para todos os corpos. Este país foi construído nas costas de negros e indígenas que trabalharam sem descanso durante séculos enquanto estabelecia seu poder econômico. A supremacia branca se tornou um veículo para envenenar os corações e as mentes de uma nação inteira, com o intuito de enxergar os seres humanos como menos que divinos. Descansar é resistir porque é uma contranarrativa ao roteiro do capitalismo e da supremacia branca para todas as pessoas.

O descanso é uma conexão e um caminho de volta à nossa verdadeira natureza. Somos destituídos de quem realmente éramos antes do terror do capitalismo e da supremacia branca. Dizemos não aos sistemas que nos enxergam unicamente como máquinas. Resistimos à mentira de que somos insuficientes. Nós somos suficientes! Somos divinos. Nosso corpo não pertence a esses sistemas tóxicos. Nós sabemos. Nosso espírito sabe.

....

> PRÁTICA DE MEDITAÇÃO DE DESCANSO
>
> Sente-se com as costas eretas e os pés firmemente plantados no chão.
> Recoste-se na cadeira, na cama, no sofá, na rede, no chão.
> Examine todo o seu corpo e perceba qualquer tensão.
> Respire fundo.
> Imagine um mundo sem limites.
> Inspire profundamente pela barriga, segure o ar por quatro segundos e expire devagar.
> Repita.

....

PRINCÍPIO 4: NOSSO ESPAÇO DO SONHO FOI ROUBADO E NÓS O QUEREMOS DE VOLTA. VAMOS RECUPERÁ-LO POR MEIO DO DESCANSO

Um crime aconteceu. Nosso Espaço do Sonho foi roubado, e nós o queremos de volta. A cada passo que dou, a mão de um dos meus ancestrais se estende para segurar meus pés. Ela me segura firme e me faz descansar. Reciprocidade é a nossa salvação. Vamos preparar um espaço sagrado para você descansar. Queremos nos aconchegar em um cobertor feito de esperança. Nós vamos descansar. A alegria é nosso direito de nascença. O prazer é nosso bálsamo. O descanso é nossa resistência.

As redes sociais roubam nossos arquivos e nossa memória. Tiram de nós a capacidade de buscar no passado orientação, motivação e fundamentação. Este movimento de descanso não é uma tendência. Na realidade, é um trabalho ancestral de libertação. Considerar que o descanso é algo que as pessoas negras estão reivindicando só agora é apagar a história de muitos dos meus antepassados e daqueles que ainda vivem e que sempre viram o descanso como parte importante da vida e da resistência. Audre Lorde, Alice Walker, Harriet Tubman, minha avó Ora, minha mãe, Jean, os Freedom Riders durante o Movimento dos Direitos Civis. Nada disto é novidade: a morte de pessoas negras, o racismo ou a opressão. São elementos tão antigos quanto o tempo, e não enxergar a totalidade das coisas só causa mais trauma.

Quando penso na história do comércio transatlântico de escravos, da escravatura e do sistema de produção agrícola escravocrata, fico impressionada com o quanto optamos por esquecer que o capitalismo foi construído a partir desses métodos. Foi um experimento de como operar o corpo humano a um ritmo de máquina durante séculos, liderado por pessoas brancas repletas de ódio e que sofreram lavagem cerebral de um sistema que as treinou para enxergar um corpo humano divino como uma propriedade da qual tomaram posse. Só por esse motivo nunca doarei meu corpo a esse sistema. É por isso também que conduzo minha vida a partir de uma política de recusa e resistência. Minha consciência e meu espírito não me permitirão aceitar um sistema que ainda tem uma dívida com meus ancestrais. Pessoalmente, considero desrespeitoso e uma total falta de consideração permitir-me, com ousadia e orgulho, levar meu corpo a um estado de exaustão. Isso acaba aqui.

Durante meu primeiro ano na escola de teologia, quando comecei a experimentar o descanso para salvar minha vida em 2013, cheguei a um estado de fé radical e adotei uma atitude de deixar acontecer o que tiver que acontecer. Essa experiência pessoal se transformou no Ministério do Cochilo. Quanto mais eu estudava as vozes e as histórias dos meus ancestrais e usava a cabeça e o corpo para ouvi-los e me comunicar com eles, não conseguia sequer começar a recriar a brutalidade que eles sofreram no trabalho ao qual foram forçados na escravidão. Lembro-me bem de ter lido o livro *Slave Testimony: Two Centuries of Letters, Speeches, Interviews, and Autobiographies* [Testemunho da escravidão: Dois séculos de cartas, discursos, entrevistas e autobiografias], de John W. Blassingame, durante seis meses na pós-graduação. Eu me deitava no sofá com aquela enorme coleção de arquivos históricos e sentia raiva e poder ao reviver o cotidiano de uma pessoa escravizada. Como a história de Madison Jefferson, nascido e escravizado na Virginia como servo da casa-grande, que foi entrevistado em 1841, quando morava na Inglaterra. Ele era trabalhador do campo e pastor em uma fazenda escravocrata com outros 250 escravizados que cultivavam tabaco, milho e cânhamo. As histórias que ele contou sobre a morte do irmão, que foi forçado a trabalhar no campo com um ferimento na cabeça, me abalaram e me fizeram pensar em todas as vezes que o capitalismo exige que ignoremos nossa dor e saúde para estarmos no trabalho. Lembrei-me de um trauma quando um ex-chefe me falou para ir trabalhar mesmo tendo sofrido um acidente de carro que me levou ao pronto-socorro com um nervo comprimido no ombro. Nas palavras dele:

"Se você puder reunir energia para passar algumas horas aqui".

Jefferson continua a entrevista fornecendo detalhes que chamaram minha atenção e me encheram de raiva e empatia de uma forma que nunca experimentara antes. Ele se lembra de receber cinquenta chicotadas por tentativa de fuga e de ser acorrentado e deixado em um calabouço escuro, sendo libertado apenas para trabalhar nos campos. Conforme descrito por Blassingame:

> As horas de trabalho iam da primeira luz do dia até o anoitecer e, durante épocas de mais atividade, frequentemente iniciavam duas horas antes de o sol nascer. O domingo em geral era considerado um dia de descanso, mas eles frequentemente passavam esse dia inteiro na amarração do trigo, na colheita do cânhamo, no debulhador do tabaco e do milho. Tomavam o café da manhã às nove, com intervalo permitido de meia a uma hora, de acordo com a pressão do trabalho — nos dias normais, almoçavam e faziam uma refeição à noite, mas em épocas de maior produção só eram permitidas duas refeições, comer uma espiga de milho ou algo parecido no meio do dia, durante a realização das tarefas... No geral, a porção era muito escassa; frequentemente, Madison diz, "Chorei de fome depois de voltar do trabalho, e vi meus irmãos e irmãs chorando em volta da mãe pedindo comida, e ela não tinha nada para dar".[1]

O legado de brutalidade no trabalho, no sustento e na sobrevivência dos escravizados e dos seus descendentes é perturbador, e é por isso que considero a privação do sono uma questão de justiça.

A cultura da produtividade é uma colaboração entre o

capitalismo e a supremacia branca. O capitalismo provém do sistema de produção escravocrata agrícola. Nosso atual sistema de trabalho foi criado a partir desse paradigma. Saber disso me transformou e deve ser reconhecido como parte do nosso processo de desprogramação da cultura do trabalho excessivo. É uma constatação dolorosa, mas que devemos enfrentar para encontrar o caminho da cura. Qual é a sensação de ter esse conhecimento e compreender que você está participando, conscientemente ou não, de um sistema que tem como base ver os corpos humanos como máquinas não humanas? O que a cultura da produtividade excessiva está fazendo à nossa saúde espiritual, mental e física? Qual é a sensação de saber que seu corpo é visto por uma sociedade capitalista e capacitista como fonte de lucro? Quando não entendemos nosso próprio corpo ou o corpo dos outros como morada divina, espaço de libertação e um milagre, curvamo-nos perante a cultura dominante e opressiva.

Devemos enxergar nosso corpo como um milagre e um lugar de reverência no qual viver exaustos não é normal ou aceitável. A beleza do descanso está em saber que somos abençoados por termos um corpo, por sermos escolhidos para estar vivos, para respirar, para fazer escolhas e para proclamar que nosso corpo é nosso. É uma prática profunda de cuidado. É o início de uma revolução radical e de resistência.

Este livro é um manifesto sobre as origens do Ministério do Cochilo, incluindo os princípios essenciais do movimento Descansar É Resistir. A próxima seção consistirá em quatro partes, cada uma com um apelo direto à ação:

DESCANSE!
SONHE!
RESISTA!
IMAGINE!

Ilustrada com narrativas e relatos históricos, e detalhada com minha profunda experiência em teologia, ativismo e arte performática, esta é a história dos meus ancestrais, minhas musas, minha família, minha comunidade e tudo o que inspirou a fundação do Ministério do Cochilo. É importante lembrar que este trabalho começou comigo tentando salvar minha própria vida enquanto me deleitava com a doçura e o poder da vida dos meus ancestrais. Tem inspiração nos maroons norte-americanos que decidiram que nunca seriam escravizados nas fazendas, na horta da minha avó, nas pinturas da minha mãe, na sabedoria intergeracional, nos salões de beleza nos fundos dos quintais, nos altares construídos fora de casa para homenagear os mortos, nas camisetas de reuniões familiares, na arte fora dos muros dos museus, em Gwendolyn Brooks, Audre Lorde, bell hooks, James Cone, James Baldwin, Octavia Butler, em minha avó Ora, que descansava os olhos no sofá, nas mulheres negras, nos manifestantes, na Igreja negra, na música negra de cura, no mulherismo, em meu pai e nos ancestrais cujos nomes não sei. É uma ternura, uma remodelagem. O descanso é um milagre.

O seguinte apelo foi proferido para os corpos cansados de milhares de pessoas que participaram pessoal e virtualmente das nossas Experiências de Cochilos Coletivos. Uma transmissão para abrir o portal do descanso:

As portas do Templo do Cochilo estão abertas.
Você não quer entrar?

Este é um convite para que as almas cansadas descansem.
Isto é resistência.
É um protesto.
É uma contranarrativa à mentira de que não estamos fazendo o suficiente.
Nós somos suficientes.
É uma contranarrativa à mentira de que o nosso valor está ligado à produtividade do capitalismo e à mentira da supremacia branca.
Você é suficiente apenas por estar vivo.
Obrigada por viver.
Obrigada por resistir.
Obrigada por criar.
Obrigada por sonhar.
Obrigada por descansar.
Acreditamos que nossa cura pode nos visitar enquanto cochilamos.
Enquanto descansamos.
Enquanto dormimos.
Enquanto desaceleramos.
Acreditamos que os cochilos proporcionam um espaço de sonho e imaginação
Para inventar
Para criar
Para curar.
E imaginar
Resistência é isso.
Você não quer entrar?
Isto é resistência.
Isto é um protesto.

PARTE I
DESCANSE!

Nem todo olho fechado está dormindo.
Estou descansando os olhos. Estou ouvindo.

Ora Caston, minha avó materna

Inspiração: Meus ancestrais, sabedoria intergeracional
e Teologia Negra da Libertação

UM CHAMADO PARA DESCANSAR AGORA!

Quero que você se concentre na sua imaginação.
Encontre refúgio na beleza e no poder do nosso cuidado coletivo.
Crie raízes em nossos devaneios.
Podemos descansar, construir e abrir um novo caminho.
Nosso foco é no descanso e no cuidado,
não importa o que os sistemas digam.
O descanso é um portal.
O silêncio é nosso travesseiro.
Fique em silêncio comigo agora.
Respire bem fundo.
Segure o ar por quatro segundos.
Libere a vergonha que você sente ao descansar.
Ela não pertence a você.

Certa vez, em uma entrevista, alguém me perguntou com quem aprendi a descansar na infância, tendo sido eu uma garota negra nos Estados Unidos. Com um olhar profundamente curioso, a pessoa que me entrevistou se aproximou e perguntou: "Quem te ensinou a descansar?". Fiquei atônita e perplexa, porque a pergunta, em toda a sua simplicidade, abre mais camadas do que eu poderia responder em uma conversa de trinta minutos. Ninguém me ensinou a descansar de maneira intencional, dando orientações ou dicas. As pessoas em minha vida encontraram espaços para descansar enquanto vivenciavam uma cultura racista e trabalhavam em um ciclo de esforço excessivo para sobreviver. Elas cruzaram a linha entre a exaustão e o triunfo constante. Moveram montanhas somente com a fé e criaram caminhos inventivos que ainda estou descobrindo. Resistiram a cada momento existindo em um mundo que não era acolhedor nem afetuoso.

Sou do Meio-Oeste, com muito orgulho. Da região de Chicago e seus subúrbios ao sul. A Cidade dos Ombros Largos, a Cidade dos Ventos. Da produção de aço e energia operária. Das fábricas de automóveis. Das beiras do lago. De arranha-céus, concreto e neve. De pessoas negras que criaram espaços de alegria e liberdade depois de fugirem das leis de Jim Crow durante a Grande Migração, e muitas outras que permaneceram na região para crescer, construir e estruturar uma vida baseada em comunidade e em Espírito. Fui abraçada e apoiada por agricultores, faxineiros, proletários, operários e prestadores de serviço. Aqueles que sabiam trabalhar de sol a sol, de segunda a sábado; o domingo era dia de louvor e honra a Deus.

Sou filha de dois afro-americanos nascidos na década de 1950 que, por sua vez, cresceram vendo o Movimento dos Direitos Civis se desenrolar diante dos seus olhos. Eles viveram em comunidades segregadas em Chicago e frequentaram escolas secundárias integradas onde aprendiam a acreditar e viver o mantra: *Você deve se esforçar dez vezes mais do que os brancos para sobreviver e ter sucesso na vida.* O apelo para trabalhar de maneira exponencialmente mais árdua tem um preço.

Meu pai, Willie Hersey, trabalhava em tempo integral como encarregado de ferrovia na Union Pacific Railroad, conciliando o serviço com um segundo emprego de tempo integral como pastor assistente da Igreja de Deus em Cristo em Robbins — uma congregação pentecostal de fiéis negros que acreditavam em expulsar demônios com as palavras e convidar o Espírito Santo para habitar cada parte da sua vida, inclusive o próprio corpo. A denominação Igreja de Deus em Cristo, também conhecida como COGIC [Church of God in Christ], é uma referência da resistência negra, uma organização cristã na tradição de Santidade do Pentecostalismo. Com mais de 6 milhões de membros em vários países, é uma das maiores entidades pentecostais do mundo. Foi fundada pelo Bispo Charles H. Mason em 1907 e é composta predominantemente por pessoas negras.

Frequentei a igreja da minha família desde o nascimento até os vinte anos de idade e nunca vi um rosto branco ali. Todo o terreno onde ficava a igreja, o prédio, os ônibus e a gráfica da igreja pertenciam a pessoas negras que eu conhecia e amava. Esse lugar acolhedor de autonomia e orientação foi onde comecei a compreender que eu já sou suficiente. Essa convicção manteve meu âmago de pé, ao mesmo tempo que um sistema externo buscava conceber minha negritude como criminosa.

Quando os membros da congregação buscavam Deus por horas nos dias em que o Espírito Santo assumia o controle, ao final havia vários corpos negros no chão cobertos por lençóis brancos, falando em línguas, enquanto vozes consagradas e mãos em pandeiros os conduziam a uma experiência de manifestação do espírito. Era um portal de cura para a liberdade de quaisquer orações que estivessem sendo respondidas. Um momento para viver nossa liberdade em um espaço sagrado criado só para nós.

A Igreja negra, com suas muitas contradições e revelações, é um exemplo de muita ternura e conexão para mim e para este trabalho. Meus pais e minha avó materna Ora, musa deste livro, foram profundamente guiados por seus ensinamentos. Quando nasci, minha mãe entrou em trabalho de parto quando estava lá. Ela assistiu à aula da escola dominical antes de ir ao hospital. Nas palavras dela: "O trabalho de parto dura horas. É melhor ficar e aprender a lição sobre a força necessária para dar à luz". Então ela permaneceu na igreja e foi para o hospital três horas depois, sem pressa, fortalecida por sua fé radical e sua conexão com Deus. Depois que nasci, fui levada de volta para as quatro paredes da nossa pequena igreja, que sempre cheirava a biscoitos amanteigados frescos, com bancos de madeira forrados com tecido de veludo vermelho.

Cresci participando de cultos três vezes por semana, além dos domingos, com uma comunidade de fiéis negros radicais que acreditavam em uma fé tão profunda que saltar para o desconhecido era como dançar em um ritmo familiar. Era a nossa vida inteira, tudo girava em torno disso, então domingo não era dia de descanso para meus pais, sobretudo para meu pai. Era dia de trabalhar incansavelmente para o Senhor. Ele era um homem grande. Seus apelidos eram Urso e Gigante, porque seu corpo de 1,98 metro e mais de 130 quilos engoliria qualquer um que recebesse a honra de um de seus abraços. Foi um militante negro, pregador, pastor assistente, organizador comunitário e operário ferroviário por trinta anos. Um cuidador, sonhador e resistente. Amava livremente, oferecendo abraços preciosos a todos que amava e que precisavam. Era um grande amigo, um espírito acolhedor.

Meu pai também sempre me ensinou o pensamento decolonial. Ele era considerado um militante negro por causa de seu interesse por política e pela libertação negra, e, desde que eu era muito jovem, me ensinou que o único interesse do governo era o dinheiro. Quando eu tinha oito anos, ele me instruiu sobre as engrenagens demoníacas do capitalismo e da supremacia branca. Essas lições sempre foram acompanhadas de uma mensagem para que me lembrasse de quem eu era. Ele afirmava: "Você é filha de Deus, foi selecionada e escolhida pelo divino para estar na Terra". Por trás de todas as obrigações, havia esse homem imaginativo e criativo que teve muitos objetivos artísticos pisoteados pela cultura da produtividade excessiva, cuja demanda é que trabalhemos como máquinas. Mas essa criatividade aparecia em pequenas coisas. Ele era o diretor do coral da igreja e estava sempre dançando e cantando. Sonhava em ser diretor de cinema, queria atuar por trás das câmeras produzindo e criando histórias que contassem nossas verdades.

Não havia muito tempo para sonhar porque ele trabalhava 24 horas por dia. Meu pai era a pessoa indicada para qualquer oração, emergência familiar, visita ao hospital, aula de estudo bíblico e projeto comunitário da igreja. Muitas vezes eu o vi sair da cama confortável, ao lado de minha mãe, para atender a telefonemas da congregação tarde da noite. Esses pedidos de orações eram perpetuados por seu amor por Deus e por pessoas negras. Ele era um ótimo ouvinte. Amava esse cargo, a comunidade, Deus e a igreja. Essa era a sua vocação, e ele dedicava toda sua energia à igreja, à família e a seu trabalho oficial na ferroviária. Não me lembro de uma época em que meu pai não estivesse trabalhando constantemente ou não estivesse envolvido em ajudar os outros e a comunidade. Eu via meu pai acordar todos os dias às quatro da manhã. Ele se arrastava para fora da cama e se sentava à mesa da cozinha para ler três jornais, estudar a Bíblia e orar em silêncio. Ele fazia isso por quase duas horas antes de sair para o trabalho, às seis. Lembro-me de perguntar: "Por que você acorda tão cedo se só precisa trabalhar mais tarde?". Ele respondeu: "Quero ter alguns momentos só para mim antes de começar o serviço". Um momento para ser humano e se acomodar em seu corpo, para se conectar com o Criador. Um momento para existir antes de iniciar o trabalho de limpar vagões de trem. Depois de um tempo, ele conseguiu se tornar supervisor de todo o pátio ferroviário. Durante décadas, foi o único funcionário negro em um cargo gerencial e sofreu discriminação racial regularmente e microagressões diárias. Ele tentou proteger a mim e a meus irmãos do trauma que sofria, mas muitas vezes eu o ouvi contando à minha mãe como isso estava se tornando intenso. "Eles me chamam de crioulo* na minha cara e pelas costas. É pesado." Por trinta anos ele tentou provar seu valor, fazendo horas extras com frequência e mantendo a assiduidade perfeita, ao mesmo tempo que atuava como pastor assistente, diretor de coral e líder comunitário. Ele fez muitos malabarismos para nos proporcionar um lar amoroso e estável, mas há algo escondido, à espreita, quando vivemos em um sistema que se baseia no trabalho para provar nosso valor como seres humanos.

 O amor do meu pai pela comunidade e por Deus o abastecia, mas o lado tóxico dessa paixão era o excesso de esfor-

---

* No original, *nigger*, termo extremamente racista e sem tradução direta que conserve a mesma carga de violência na língua portuguesa. (N. E.)

ço, a exaustão e a falta de cuidado com seu corpo. Ele dava tudo o que tinha aos outros; enquanto isso, sua saúde física se deteriorava gravemente. A correlação da privação de sono e do estresse com o desenvolvimento de doenças crônicas é real. Ele sofreu graves problemas de saúde ainda jovem: diabetes, obesidade, pressão alta, doenças cardíacas e apneia do sono. A cultura da produtividade excessiva internalizada deu início à sua morte prematura, aos 55 anos. Depois de um bypass coronário triplo, ao qual ele sobreviveu com louvor, para reparar 75% das artérias bloqueadas, o diabetes complicou o processo de reabilitação e seu corpo simplesmente cedeu a todo o estresse, à falta de cuidado, de limites e tantas expectativas.

Lembro-me de ver meu pai morrer. A comunidade esteve ao meu lado durante essa jornada. A congregação inteira e nossa grande família cuidaram de todas as demandas durante o período de recuperação dele no hospital e em casa. Inúmeras pessoas levavam comida para minha mãe, executavam tarefas para meu pai, sentavam ao lado da cama e conversavam com ele, levavam laranjas, contrabandeavam sanduíches e qualquer outra coisa que ele tivesse muita vontade de comer. Além de coisas materiais, levavam também as orações, os abraços, os versículos lidos em voz alta, a imposição de mãos. Havia intensa energia espiritual ali. Pude literalmente sentir a presença de Deus na casa. No meu coração. Com o passar das semanas, ele foi ficando mais fraco, e depois descobrimos que havia uma infecção nos pontos que fechavam o peito. A infecção se espalhou para o sangue e ele voltou ao hospital cercado pela comunidade. Vi os pastores, diáconos e missionários clamarem por ele com a intensidade de 10 mil sóis resplandecentes. A comunidade se tornou tão avassaladora que o hospital solicitou que criássemos um horário de visitas, uma vez que a sala e o corredor fora do quarto viviam lotados. Isso durou semanas, até que uma noite meu pai pacificamente deixou esta terra.

As enfermeiras da unidade de terapia intensiva foram muito gentis. Eram anjos na Terra flutuando em uniformes verdes. Andavam na ponta dos pés ao nosso redor como se fôssemos figuras de porcelana em uma loja de departamentos cara. Elas nos deixaram ficar lá e passar horas tocando o corpo dele. Eu não pensei duas vezes antes de beijar seu rosto, segurar suas mãos ainda quentes e esfregar seus cabelos. Tive vontade de abraçá-lo pelo pescoço, apertando-o com os dedos entrelaçados. Minha mãe se sentou em um banquinho baixo, atordoada e confusa. O homem que ela amou durante quarenta anos estava coberto por um espesso lençol branco que ia até o pescoço. Ela lentamente removeu o lençol do pé direito e começou a esfregá-lo devagar. A fricção se transformou em uma massagem suave que eu rezei amorosamente para despertar o morto. Ela sussurrou baixinho: "Por favor, Willie, não nos deixe". Mas ele já tinha partido, e as três mulheres, minha irmã mais velha, Camie, minha mãe e eu, estávamos ao redor desse homem gigante chorando e o beijando.

Não me lembro do momento em que saí da UTI, mas, quando me dei conta, estava na pequena sala de espera próxima às grandes e pesadas portas de aço da ala de terapia intensiva. Diante de mim estavam cerca de cinquenta pessoas. Consegui identificar a maioria dos rostos, mas então eles começaram a se misturar no ar. Todo mundo estava chorando e parecia em estado de choque. Veteranos de guerra de licença. Senti meus joelhos fraquejarem. Minha cabeça começou a girar. Pensei que fosse desmaiar. Naquele momento, não seria má ideia. Eu queria bater a cabeça na ponta da cadeira de rodas que estava no corredor, queria que sangrasse, queria morrer também. Eu queria ir com ele. A dor era demais para suportar. Assim que voltei à realidade, depois de alguns minutos, pude sentir meu tio favorito, Lance, segurando-me pela cintura e me colocando cuidadosamente no chão, as costas apoiadas na parede bege, com ele ajoelhado ao meu lado, dizendo: "Peguei você, sobrinha. Vai ficar tudo bem. Estou aqui". Ele sentou ao meu lado e apenas segurou minha mão.

A cultura da produtividade excessiva matou meu pai e está nos matando física e espiritualmente. A privação de sono é um problema de saúde pública e uma questão de justiça racial. Há um grande volume de pesquisas que apontam para a lacuna de sono que existe entre norte-americanos negros e brancos.

"Pesquisadores descobriram que, durante esse período, os entrevistados negros eram sistematicamente mais propensos a ter sono muito curto ou curto, em comparação com os brancos."[1] A necessidade do meu pai de dormir bem não era uma prioridade na nossa cultura, e observei em tempo real as consequências disso.

Fiquei em silêncio por alguns longos minutos olhando para a pessoa que me entrevistou, não conseguindo oferecer uma resposta elucidativa à pergunta: "Quem te ensinou a descansar?". Talvez seja esse o motivo da minha curiosidade com o descanso agora. A maioria das pessoas que vivem em um sistema capitalista nunca tiveram acesso a um caminho para o descanso. Não existe um projeto ou uma fórmula para chegar à nossa libertação. Nós descansamos para encontrar nosso caminho. Uma recusa. A elaboração de um Terceiro Lugar. Fugitividade.

Tenho ouvido inúmeras vezes de pessoas que recentemente tiveram contato com a mensagem do descanso: "Eu queria poder descansar, mas não sei como tirar uma soneca. Parece impossível". Durante seis anos, invariavelmente, esse tem sido o mantra compartilhado comigo por milhares de pessoas. É uma prova sólida de que nós, como cultura, não temos compreensão exata sobre o que o descanso é e o que pode ser. Essas limitações e confusões foram criadas em nós. Nascemos sabendo descansar e ouvir as necessidades do nosso corpo. É um instinto e um conhecimento interior. Os bebês e as crianças seguem os sinais do corpo e, sem isso, não sobreviveriam. Esse conhecimento interior é lentamente roubado de nós à medida que o substituímos pela desconexão. Fomos enganados e conduzidos por uma cultura sem botão de pausa. Mal sobrevivemos à privação de sono, à exploração do trabalho e à exaustão. Nós temos que descansar.

O descanso não é o que você talvez pressuponha. Passei a maior parte do tempo em que liderei o Ministério apresentando a seguinte realidade: tudo o que acreditamos saber sobre descanso é falso. Como estamos em constante estado de separação das mentiras e da socialização da cultura da produtividade excessiva, devemos reimaginar, de maneira intencional, o que acreditamos que o descanso é e o que pode ser para nossa vida. Devemos fazer as seguintes perguntas, além de outras: Se fui consistentemente exposto e submetido a lavagem cerebral pela violência da cultura da produtividade excessiva desde que nasci, será que realmente sei como descansar? Tenho um modelo ou manual de como é descansar ao viver em um sistema capitalista? Qual seria a sensação de estar sempre descansado? Como é a exaustão para mim? Estou vivendo em um estado constante de exaustão? Quem era eu antes do terror dos sistemas tóxicos? Quem eu quero ser? O que me disseram sobre meu valor e existência? Como abrir espaço para transcender os limites de um sistema que sempre atende ao apelo do "lucro acima das pessoas"?

Meu compromisso de salvar minha própria vida por meio do descanso está firmado em meu compromisso e estudo do mulherismo. Aprendi sobre o mulherismo na pós-graduação. Agora estou ciente de que fui mulherista durante a maior parte da minha vida. O feminismo branco que me ensinaram nas escolas públicas quando criança e quando jovem na faculdade sempre me pareceu insuficiente e desonesto. Lembro-me de perguntar a um professor de história no ensino fundamental se, quando as mulheres obtiveram o direito de votar, em 1920, isso incluía as negras. Ele ignorou minha pergunta dizendo que voltaria ao assunto, mas nunca respondeu. Nunca existe uma resposta quando você está apagando a história.

O termo "mulherista" foi cunhado por Alice Walker em 1983. Apareceu em seu livro *Em busca dos jardins de nossas mães*, em que ela define como mulherista alguém que "quer saber mais e com maior profundidade do que normalmente é considerado 'bom'. Alguém comprometido com a sobrevivência e a integridade de todas as pessoas, homens e mulheres".[2] Para mim, a beleza do mulherismo é sua visão holística de mudança. Seu cerne é o intenso compromisso partilhado que as mulheres negras têm com a família e a comunidade. Ao contrário do feminismo branco, o mulherismo reserva espaço para raça, classe e gênero, compreende que a família e a comunidade de uma mulher negra são contribuintes na luta pela libertação e tem como objetivo o equilíbrio e a flexibilidade. É pelas lentes do mulherismo que consigo ver o descanso como uma ferramenta de libertação.

É um movimento global que procura reparar tudo o que foi destruído pelo capitalismo, pela supremacia branca e pelo patriarcado. Sei que salvar minha própria vida da exaustão do racismo, da pobreza e do sexismo abriu espaço para que todos, independente da raça, também iniciassem o processo de desmantelamento desses sistemas. Minha perspectiva de que a libertação negra é um bálsamo para toda a nossa humanidade é fortemente influenciada pelo mulherismo. Compreendo que o descanso é uma prática espiritual porque sou mulherista.

Meu estudo e compromisso com o mulherismo dizem muito sobre minha curiosidade pelas visões de um futuro bem descansado. Sei que meus vislumbres de como seria um mundo sem capitalismo nem opressão se baseiam em algo que nunca testemunhei nesta vida. São feitos de sonho e alquimia. Meu trabalho pessoal é compreender melhor o processo de transformação e, ao mesmo tempo, trazer entendimento sobre as realidades nas quais existimos. Estou sempre questionando: "Como será um mundo onde todas as pessoas descansam bem? Quais serão os elementos? Todos se libertarão da cultura do trabalho excessivo? Será que ficamos atolados na lama dessa cultura por tanto tempo que talvez nunca mais conseguiremos respirar?".

O livro *Making a Way Out of No Way: A Womanist Theology* [Criando uma saída de onde não há saída: Uma teologia mulherista], de Monica Coleman, sintetizou o que eu não conseguia articular completamente mas sentia desde que o trabalho de descanso recebeu maior atenção:

> Nem todo o mal neste mundo pode ser superado. No entanto, a teologia mulherista pós-moderna mantém a esperança na luta para responder ao mal de forma criativa e construti-

va. Às vezes, os sentimentos de discórdia são resultado dos conflitos neste mundo. Às vezes a libertação não é uma possibilidade, mas a sobrevivência e a qualidade de vida são. Saúde, integridade, unidade e salvação em todos os aspectos nunca serão plenamente alcançadas neste mundo. À medida que nos transformamos constantemente, somos constantemente vulneráveis ao mal e constantemente capazes de superá-lo. Na teologia mulherista pós-moderna, a salvação é uma atividade. Cada novo momento traz possibilidades nos dois sentidos. Uma teologia mulherista pós-moderna luta por representações tangíveis do bem. O bem inclui justiça, igualdade, discipulado, qualidade de vida, aceitação e inclusão.[3]

Minha tentativa pessoal de desmantelar o capitalismo e a supremacia branca através do descanso parece ser um objetivo com um fim inatingível, porque, à medida que evoluo e me curo, o mal permanece presente. Uma pergunta válida é: como podemos nos permitir descansar quando o império colonizador em que vivemos continua a se expandir e a crescer mais forte? O império continua a se transformar, planejar e traçar estratégias para manter o poder. As palavras de Monica Coleman que citamos retiram os véus que usamos ao viver em um sistema tóxico. Acreditamos que podemos curar e reimaginar novas formas de vida, transformando o mal e o abuso que nos foram ensinados. Sim, o sistema continua furioso e destruidor, mas não seremos capazes de explorar espaços de liberdade, alegria e descanso esgotando nosso precioso corpo e mente de forma abusiva. Descansar é responder criativamente ao imperativo da cultura do trabalho excessivo para fazer mais. É a possibilidade de descanso, compensação, ressurreição e reparação que nos acolhe como um cobertor quente e macio.

Como tornamos o impossível possível? Como processamos o sequestro do nosso Espaço do Sonho e da nossa humanidade? Onde guardamos a dor de como somos tratados na cultura da produtividade excessiva? Como podemos começar a compreender de que maneiras a supremacia branca nos priva da nossa ligação com o espírito? Como podemos começar a explicar a deficiência espiritual que ocorre quando seguimos e exaltamos o pensamento da supremacia branca? Como transformamos a dor em poder? Deite-se e pense nessas questões. Não precisamos ter uma resposta completa para tudo agora. Não precisamos saber tudo. Não precisamos ser tudo. Não temos que fazer tudo. Há espaço para o desconhecido. Há espaço para curiosidade e mistério. Há espaço para simplesmente permitir que o descanso se manifeste e responda às perguntas para nós.

Tudo o que sabemos sobre o descanso foi contaminado pela lavagem cerebral de um sistema capitalista de supremacia branca. Em nossa cultura não sabemos como descansar, e nossa compreensão do descanso é influenciada pela toxicidade da produtividade excessiva. Acreditamos que o descanso é um luxo, um privilégio e um prazer extra que podemos nos conceder depois de sofrermos de exaustão e privação de sono. O descanso não é um luxo, mas uma necessidade absoluta se quisermos sobreviver e prosperar. O descanso não é um detalhe, mas uma parte básica de ser humano. O descanso é um direito divino. É um direito humano. Viemos ao mundo preparados para amar, cuidar e descansar. Os sistemas nos matam lentamente através do capitalismo e da supremacia branca. O descanso deve impedi-los. Assim como a esperança, o descanso é revolucionário; dá espaço para vislumbrarmos novas possibilidades. Devemos reimaginar o descanso dentro do sistema capitalista.

Para muitos, descansar parece uma ilusão. Não existe uma referência de descanso em nossa cultura. Devemos criar uma referência e sonhar novas formas de ser. É nosso trabalho reimaginar o descanso para nós mesmos. Fazemos isso explorando a imaginação infinita que temos como seres divinos. Lentamente, com calma, passamos por baixo das muitas camadas de trauma que vivemos de maneira individual e coletiva neste sistema violento. De maneira literal e figurativa, nós paramos.

POR QUE NÃO ESTAMOS DESCANSANDO

Não estamos descansando porque ainda enxergamos o nosso descanso de uma forma capitalista, pautada em tendências, feita para o consumidor: da forma como fomos treinados em um sistema capitalista. Nosso trabalho não se resume a um evento de um dia, no qual você precisa sair de casa para descansar em um retiro ou hotel sofisticado. O objetivo deste trabalho é motivar um lento desenvolvimento que exigirá nossa participação por toda a vida. É uma transformação cultural, firmada em uma real mudança de perspectiva. Isso significa que devemos operar ativamente, envolver-nos e reagir contra a cultura dominante. Devemos tomar de volta e integrar o descanso nos momentos calmos, barulhentos, mundanos e plenos de nossa vida a cada dia. Devemos continuar comprometidos com a construção da comunidade e investigar fundo para reunir e cuidar de todos os que ficaram para trás. Tratar uns aos outros e a nós mesmos com cuidado não é um luxo, mas uma necessidade absoluta se quisermos prosperar. O descanso não é um pormenor; é uma parte básica do ser humano.

Devemos abrir espaço para o descanso em pequenos e grandes momentos. Queremos que o descanso se torne uma prática diária reimaginada por você. Você é especialista no seu próprio corpo. Seu corpo é seu e sabe o caminho. A transformação acontecerá em nosso corpo diariamente e em nosso Espírito para sempre. Ecoando as palavras de Audre Lorde, "A revolução não é um evento que acontece uma única vez", nós propositadamente não participamos de desafios de cochilos em redes sociais ou de eventos da moda com a duração de um dia que não incluam educação intensiva com foco em libertação negra e história da população negra. Devemos levar o pensamento decolonial e a desprogramação a um nível mais profundo. No movimento Descansar É Resistir também não acreditamos na ideia tóxica de que descansamos para recarregar as energias e nos revigorar com o simples objetivo de estar preparados para dar mais resultados ao capitalismo. O que internalizamos como produtividade foi ditado por um sistema capitalista, capacitista e patriarcal. Nosso impulso e obsessão de estar sempre em estado de "produtividade" nos leva ao caminho da exaustão, da culpa e da vergonha. Acreditamos erroneamente que não estamos fazendo o bastante e que devemos sempre orientar nossa vida para mais trabalho. O lembrete que deve ser repetido quantas vezes forem necessárias é: não descansamos para ser produtivos, mas simplesmente porque é nosso direito divino. É isso! Pense nessa afirmação por um momento.

    O objetivo do nosso descanso é nos conectarmos e recuperarmos nossa divindade, que nos foi concedida no nascimento. O conceito de primeiro ter que encher o próprio copo para depois fazermos o mesmo para os outros é desproporcional. Reproduz a mesma energia da linguagem capitalista que hoje faz parte de nossos mantras diários. São expressões do tipo "Quando estiver morto, eu durmo", "Vai lá e faz", "Trabalhe enquanto eles dormem", "Se não dá dinheiro, não faz sentido", "Acordar para trampar" e muitas outras. O ditado sobre encher o próprio copo também é mais frequentemente dirigido às mulheres, que, devido ao patriarcado e ao sexismo, carregam o fardo de jornadas múltiplas. As mulheres marginalizadas, especificamente as negras e latinas, constituem o maior grupo de trabalhadoras em um sistema capitalista. Nosso esforço historicamente tem sido usado para tornar a vida das mulheres brancas menos conturbada e mais tranquila. Então, quando ouço e vejo essa linguagem de "encher o próprio copo primeiro" repetida em memes nas redes sociais e na comunidade de bem-estar, percebo que nossa visão de descanso ainda está sobrecarregada com as mentiras da cultura da produtividade excessiva. Proponho que todos os copos sejam quebrados em pequenos pedaços e que, em vez de encher, possamos descansar e nos conectar com nosso corpo e assim alcancemos consciência e reparação. Eu não quero mais encher nada. É hora de começar a desmantelar o culto à sobrecarga, uma pessoa de cada vez. Um coração de cada vez. Um corpo de cada vez.

O descanso não é um evento que acontece uma única vez porque, para desmantelar a cultura da produtividade, é preciso uma transformação mental e global que seja implacável, constante, subversiva e intencional. Resistir à máquina da supremacia branca e do capitalismo, mesmo que por dez minutos, é um milagre. O descanso estará disponível para todos. Não importa sua renda, sua capacidade física, sua orientação sexual, seu gênero, sua localização geográfica ou seu acesso. Não tem relação com o consumismo, o capitalismo ou o objetivo interminável que muitos têm de se tornarem famosos na internet. O Ministério do Cochilo e nossa estrutura Descansar É Resistir são uma pausa total em tudo que já aprendemos sobre bem-estar sob as perspectivas do capitalismo e da supremacia branca. Não queremos mais do mesmo e estamos completamente dedicados a desmantelar o sistema e a cultivar a imaginação infinita que vai libertar o nosso Espaço do Sonho.

Domingo, 21 de maio de 2017. Atlanta, Geórgia. Nossa primeira experiência de cochilo coletivo aconteceu sem que eu sequer me esforçasse. A maneira como tudo ocorreu parece ter sido orquestrada pelo espírito. Eu estava terminando minha pós-graduação e comecei a conversar com pessoas do meu círculo artístico em Atlanta sobre os próximos passos na carreira. Contei que estava me candidatando a empregos de capelania em hospitais, escolas e centros comunitários. Tentava encontrar meus próximos passos para uma carreira que estivesse alinhada com o caminho da justiça. Eu tinha pouquíssimo dinheiro, estava exausta do ciclo humilhante de entrevistas de emprego e só tinha contado a poucas pessoas sobre minha ideia de criar uma obra de arte sobre o descanso. De maneira aleatória, algumas pessoas me falaram sobre uma mulher chamada Charlie, que tinha um grande espaço em Atlanta que eu poderia usar para um evento. Não levei a ideia adiante até que a terceira pessoa me enviou um e-mail. Então, por fim, liguei e marquei uma reunião para conhecer o espaço, sabendo que não tinha dinheiro para pagar o aluguel, não tinha equipe para ajudar na curadoria ou capital para arcar com o custo dos materiais para transformar o local em um espaço confortável para dormir. Fui mesmo assim. Lá, entrei em um cômodo que parecia um oásis mágico criado para descansar, com piso em carpete macio, iluminação aconchegante, travesseiros imensos, um bar de chá e tecidos leves pendurados no teto. Já estava pronto. Ao me sentar para tomar chá e ao passear pelo local, um sentimento de orientação e conexão tomou conta de mim. Charlie me disse que eu poderia usar o espaço a qualquer hora do dia ou da noite, e ela não aceitaria nenhum dinheiro. Nas suas palavras: "É um lugar de experimentação. Sinta-se livre para usar". Então, sem um emprego que pagasse minhas contas e enquanto ainda procurava um trabalho, depois de passar quase quatro anos estudando na pós, iniciei o Ministério do Cochilo, que reuniu quarenta pessoas para descansar e reservar espaço para cura e aprendizado no que seria um evento de uma noite só. Não fui contratada em nenhum dos empregos para os quais me candidatei e me dediquei completamente a esse trabalho após o evento. O compromisso de honrar meu próprio corpo, o cuidado comunitário e o legado dos meus ancestrais se combinaram, como se meus próprios antepassados estivessem soprando o vento sob minhas asas e segurando minha mão, oferecendo o descanso como um presente para o mundo.

Nossas Experiências de Cochilos Coletivos são desde o início e sempre serão a peça central deste trabalho. Com a curadoria de locais presenciais e virtuais para descansarmos juntos, reservamos espaço uns para os outros e adentramos o portal do descanso como um ato sagrado. Um dos objetivos é que cada pessoa adquira ferramentas práticas para descansar quando e onde quiser. Por isso, todas as nossas Experiências de Cochilo Coletivo são gratuitas e aliam educação intensiva e experiências práticas. Destacamos a questão da acessibilidade e buscamos responder às seguintes questões: O que acontece com as pessoas que não podem se dar ao luxo de ficar longe de casa por 24 horas ou durante um fim de semana? E as pessoas que têm filhos sem ninguém para ajudá-las a cuidar deles? Como aqueles que estão em casa devido a deficiências participarão de um retiro que exige que eles viajem? E os introvertidos, que não querem estar em grupos? Como continuarão a descansar depois que voltarem para casa? Por que precisam sair de seus lares e comunidades para descansar? Estamos simplesmente proporcionando uma cama confortável e música suave, sem uma estrutura comprometida com a libertação? Por que nosso descanso não é poderoso o suficiente para ser acessado a qualquer hora e em qualquer lugar?

Acredito que este trabalho não acontecerá da maneira falsa e luxuosa que se pensa que o descanso deve acontecer. Não acontecerá longe da nossa comunidade, em hotéis caros e casas de retiro. Para que a mensagem de descanso alcance a todos, para que seja um momento de decolonização total, deve transformar vidas e ocupar um lugar dentro da nossa própria comunidade, da nossa casa, no trabalho, em instituições religiosas, espaços acadêmicos e, o mais importante, em nossa mente. Não acredito que nos libertaremos da cultura da produtividade fazendo mais do mesmo e apoiando qualquer mensagem de bem-estar corporativo que não chegue à raiz do problema. Não expor os sistemas que nos intoxicam é ignorar o coração e a alma do trabalho em prol da justiça. Exaltar o descanso de uma ética de cuidado coletivo é uma forma de derrubar a cultura dominante e, ao mesmo tempo, devolver o poder às pessoas às quais ele pertence. Nossa prática de descanso exige primeiro uma mudança mental que não tem data para acabar. Nossa cura da lavagem cerebral promovida pela cultura da produtividade excessiva vai durar para sempre. Devemos estar atentos sobre as maneiras como entraremos e sairemos das garras dessa cultura. Haverá dias em que você será puxado de volta para o sistema e ficará girando, tonto com os efeitos da hiperprodutividade. Nosso trabalho consiste primeiro em adquirir uma consciência profunda de que o ritmo no qual esta cultura funciona não é normal nem sustentável. Essa compreensão oferece um convite à peregrinação coletiva em que estamos enquanto tentamos transgredir e resistir a um sistema que não tem botão de pausa. Permaneça aqui por um instante. Permaneça sabendo que você não é um fracasso, inadequado ou indigno porque está exausto e quer descansar. Não precisa tentar compreender tudo isso hoje e estar totalmente pronto para aceitar o descanso de uma forma que não pareça certa para você. Este protesto contra a cultura do trabalho excessivo deve ser criado em seu próprio corpo. Seu corpo é seu. A singularidade e as histórias que ele tem para contar são suas. Um apelo comunitário ao descanso como forma de ativismo é um chamado para desacelerar, ouvir e cuidar. É um lugar de empoderamento, intensificado pelo objetivo comum de nos tornarmos mais humanos. Nós não somos máquinas. Não estamos na Terra para satisfazer os desejos de um sistema abusivo através da nossa exaustão.

Não estamos descansando porque as redes sociais roubaram nossa capacidade de existir sem elas. É um plano perfeito para nos manter distraídos e viciados. Os algoritmos orientam cada movimento nosso, impondo uma pressão desnecessária para postar, retuitar, usar hashtags e expandir suas plataformas de maneira obsessiva. Nunca me preocupei com o número de seguidores em nossas redes sociais. Estou muito ocupada e concentrada em usar as redes como uma das muitas ferramentas ao nosso alcance para desprogramar ainda mais aqueles que desejam acabar com a cultura da produtividade em suas vidas. Não quero que as pessoas se conectem ao nosso trabalho de descanso com base em um algoritmo, mas porque o espírito as enviou e, uma vez lá, que a ideia de descanso lhes traga conforto e paz.

Em nossa cultura, passamos incontáveis horas por dia nas redes sociais, e diversos estudos classificam essa prática como um vício. "Trinta e dois por cento das adolescentes disseram que, quando se sentiam mal em relação a seu corpo, o Instagram as fazia se sentirem pior", disse o *Wall Street Journal*. "Muitas vezes se sentem 'viciadas' e sabem que o que estão vendo é prejudicial para sua saúde mental, mas se sentem incapazes de se conter."[4]

Quando faço um sabá digital, volto me sentindo mais inteligente, menos ansiosa e aproveitando uma energia expansiva que não conseguia acessar enquanto rolava o feed todos os dias. Meu corpo vira uma antena para infinitas ideias e invenções quando me desconecto da energia da tecnologia e quando descanso. Uma das melhores maneiras de testar como o silêncio é uma forma de descanso é planejar um detox das redes. Para aqueles que são apegados demais ao celular, comece aos poucos, reservando de duas a quatro horas para ficar off-line. Ao excluir os aplicativos ou deixar o aparelho em outro cômodo, guardado em uma gaveta, você aumenta suas chances de encontrar um ritmo natural, sem as vozes e os ruídos que as redes trazem. Mesmo que seu feed seja configurado para incluir apenas mensagens positivas, instigantes e encorajadoras, o detox é necessário e valioso. Sua mente precisa de espaço para o silêncio. De um espaço para processar o que você está sentindo sem a interferência de outras pessoas. Seu cérebro precisa de sono profundo e consistente, descanso e silêncio para estabelecer conexões, reter memórias e processar informações. Nossa saúde mental é fortalecida quando estamos longe do brilho das telas dos computadores e dos pensamentos e ideias de milhares de pessoas durante um dia rolando o feed sem parar. Você consegue imaginar algumas horas do seu dia sem estar de olho no telefone ou no e-mail? O que você sente ao imaginar isso? E se esse tempo fosse estendido para um dia inteiro ou uma semana? Um mês? Como você substituiria as horas que passa on-line? Poderia aproveitar esse período com um hobby que lhe desse prazer? Teria mais tempo para pensar na vida, descansar, tirar uma soneca? Você iria para a cama mais cedo? É estressante imaginar não ter seu telefone por perto? O que a natureza onipresente das redes sociais e dos celulares fez com nossos momentos de silêncio?

Eu critico a internet pela forma como mudou tão rápido — afinal, faz apenas 25 anos que se tornou acessível às massas como parte da vida cotidiana. As redes sociais são agora um espaço de dependência. Não seremos capazes de chegar a um estado de descanso total se não reduzirmos muito o uso delas. Sei que é uma afirmação ousada e audaciosa em uma cultura orientada exclusivamente para mais automação, inovação tecnológica e vida digital. O metaverso está se tornando real. Milhões de pessoas aguardam ansiosamente que esse mundo digital se materialize para que possam se mudar para lá de vez. Como se já não estivéssemos distraídos, exaustos e desconectados do nosso corpo, essa grande ruptura com o mundo físico é mais uma peça violenta na traumatizante cultura da produtividade. Como uma pessoa totalmente dedicada a nosso Espírito, alma, mente e corpo, preocupo-me com o papel que o metaverso desempenhará em um mundo já privado de sono e conexão. Existem muitas maneiras de ignorar o profundo conhecimento interior, a intuição e a sabedoria divina que existem em nós desde que nascemos. Com o tempo, viver em um espaço de experiências virtuais cada vez mais intensas afetará de forma significativa nossa capacidade de reagir contra o capitalismo e a supremacia branca. A ideia de propriedade, conexões pessoais, entretenimento e educação concentradas em um mundo virtual abre a possibilidade de nunca descansarmos verdadeiramente e sermos manipulados pelo capitalismo, que nos receberá como ovelhas a caminho do matadouro. Devemos ser objetivos e empenhados desde já em manter nossos olhos bem abertos a como o capitalismo se movimenta de forma agressiva e engenhosa. O descanso deve se tornar nosso foco.

Para algumas pessoas, viver em espaços virtuais parece uma ideia atraente e, para muitas comunidades, a oportunidade de se conectar é uma tábua de salvação, uma revolução. Possibilita ir a lugares que não estão disponíveis ou acessíveis na esfera física. Oferece apoio, recursos e motivação. É um belo ato de equilíbrio conceber que duas ou mais coisas sejam ao mesmo tempo verdadeiras. É libertador. O mundo digital e as redes sociais são locais de conexão para muita gente e ao mesmo tempo são locais tóxicos, de desconexão e exaustão. Ambas as afirmações são verdadeiras. Essa é a verdade. Assim, podemos viver ambas as perspectivas e estarmos conscientes da energia e do tempo que consumimos na internet. Devemos nos desintoxicar intencionalmente e com frequência se quisermos descansar. Sem avaliar o domínio que as redes sociais exercem sobre nossa vida, nunca poderemos concretizar qualquer movimento de descanso. Simplesmente não é possível, porque as redes sociais são uma extensão do capitalismo. São ferramentas de marketing. Os desenvolvedores e designers das plataformas não são líderes de uma indústria de bilhões de dólares simplesmente para que todos possamos permanecer conectados com nossa família, amigos e comunidades. Muitas pessoas usam a internet dessa forma, mas lembrem-se de que não é o objetivo dos capitalistas. O objetivo é manter você preso no feed por tempo suficiente para se tornar um consumidor. O objetivo é que você compre, compre mais um pouco e fique lá o maior tempo possível até que isso aconteça. Não estamos descansando porque passamos várias horas por dia on-line, distraídos e exaustos. É por isso que devemos encarar o descanso como a ruptura final dos truques e planos do capitalismo. Um êxodo e uma desintoxicação intencional dessas plataformas são o caminho da nossa prática de descanso.

Para que essa ética de cuidado comunitário se multiplique, precisamos estar sempre descansando, nas horas de tranquilidade, nos momentos ocupados, no quarto, no banheiro, na escola, na varanda, no bairro, na cidade e dentro da nossa mente. A bela insurreição do descanso precisa acontecer agora. Não podemos esperar pela oportunidade perfeita, pelos eventos perfeitamente organizados ou pelo momento perfeito para abandonarmos o mundo capitalista. Para que nosso descanso seja produtivo, devemos rejeitar a agenda capitalista a cada instante. Devemos deixar para trás os memes e as opiniões polêmicas que vêm com a cooptação e a replicação desenfreada que ocorrem no mundo fraudulento e altamente influenciável da internet. Quando descansamos, resistimos a um sistema criado no período escravocrata, cuja crença principal é que devemos ter dinheiro, um colchão top de linha e o fascínio do individualismo para que o nosso descanso seja eficaz. Isso é uma mentira. Devemos desfazê-la pouco a pouco, diariamente, para compreender que nossa liberdade e tudo de que precisamos já está dentro de nós. Não importa quanto dinheiro ganhamos, quantas folgas temos no trabalho e quantos dias de férias tiramos.

O que importa é que em nosso coração e alma decidimos recusar e não esperar até que tenhamos o suficiente ou o número perfeito de coisas para que nosso descanso seja aprovado pelo sistema de poder. Não precisamos da participação da cultura da produtividade para reivindicarmos nosso corpo e nosso tempo como algo que pertence a nós. As pessoas negras têm uma ligação direta com a brutalidade do capitalismo. Nosso corpo foi a primeira moeda do país, e nosso descanso e o Espaço do Sonho nos são roubados constantemente. O legado da supremacia branca deve ser confrontado continuamente em nossa jornada rumo ao descanso. Devemos descansar como se nossa vida dependesse disso, porque depende de fato.

A teoria de James Cone e sua criação da Teologia Negra da Libertação serviram de base para o Ministério do Cochilo. O conceito de descanso como mensagem de reparação e libertação para as pessoas negras tem raízes firmes nos estudos de Cone. Embora seja um trabalho secular, não posso deixar de me inspirar por essas ideias, que me influenciam como pessoa. Sou profundamente inspirada pelo pensamento religioso negro e pela espiritualidade negra. A estrutura do movimento Descansar É Resistir é muito pessoal: suas origens vêm de mim e salvaram minha própria vida da exaustão, enquanto explorava os espaços imaginativos de recusa que me foram dados pelos meus antepassados.

Na obra clássica de Cone, *Teologia negra*, publicada originalmente em 1970, ele fala sobre as nuances da história negra e como as nossas experiências nos ajudam a navegar em um sistema determinado a não nos enxergar. Essa invisibilidade afeta a forma como descansamos: "Se a teologia negra vai falar sobre a condição das pessoas negras, não pode ignorar a história da desumanidade branca cometida contra elas. Mas a história negra é mais do que aquilo que os brancos fizeram aos negros. Mais importante ainda: a história negra consiste em pessoas negras dizerem não a todos os atos de brutalidade branca. Ao contrário do que os brancos dizem nos seus livros de história, o poder preto não é algo novo".[5] O poder já existe, e é com esse poder que eu disse não ao capitalismo e a toda e qualquer coisa que tente degradar minha divindade. Vejo o brilho e o milagre dos seres humanos. Não somos máquinas. Este trabalho não seria possível sem meu profundo estudo e amor pela Teologia Negra da Libertação. Através dela, aprendi, desde muito cedo, que Deus cuida de mim, independente da cor da minha pele, situação econômica ou capacidade física e intelectual. Aprendi quando criança na Igreja negra que meu corpo negro não é criminoso; é, na realidade, um profundo reflexo de Deus. Ouvir meu pai e outros pregadores negros gritarem uma mensagem de libertação negra do púlpito me moldou e me permitiu ver a supremacia branca e o capitalismo como forças demoníacas que não têm o direito de me tirar nada. Fui ensinada que Deus estava do lado dos oprimidos e que qualquer teologia que disseminasse algo diferente não era o verdadeiro cristianismo. Ler o texto bíblico a partir da perspectiva da libertação negra abre portas e remove véus, o que aumentou profundamente minha autoestima. Por isso, tenho uma fé tão radical e uma crença enraizada naquilo que nasci para fazer. Sei que não nasci para simplesmente me exaurir dentro de um sistema violento. Sei que, mesmo se nunca mais cumprir algum item da minha lista de tarefas, ainda serei digna e amada por Deus e pelos meus ancestrais. Foi isso que a Teologia Negra da Libertação me ensinou e continua a ser uma chama ardente em minhas mãos e em meu coração, pois ilumina os caminhos à minha frente quando tudo está escuro. A partir dessa compreensão fundamental, o Ministério do Cochilo cresceu. Meu compromisso de ver aniquilados todos os sistemas tóxicos que afetam e degradam minha divindade e a de todos os humanos no planeta vem de compreender que os enganos da cultura da produtividade excessiva se revelam no descanso e na desaceleração. Devemos descansar, curar-nos e resistir juntos.

Passei toda a minha trajetória como Bispa do Cochilo respondendo à pergunta: "O Ministério do Cochilo é apenas para as pessoas negras?". A própria questão decorre de uma mentalidade de supremacia branca que se recusa a aceitar esta verdade: a libertação negra é um bálsamo para toda a humanidade, e esta mensagem é para todos aqueles que sofrem com os esquemas da supremacia branca e do capitalismo. Todos no planeta, incluindo o próprio planeta, estão de fato sofrendo com esses dois sistemas. A forma como esse sofrimento se manifesta de grupo para grupo é específico de cada história. As pessoas brancas tiveram sua humanidade extirpada delas por meio da supremacia branca. São espiritualmente deficientes e cegas pela ideia de que são superiores a outros seres humanos divinos. A linhagem do terror, da violência e da escravização reside em seus corpos e corações. Além disso, por que eu iria querer viver em um mundo onde sou a única que está livre das garras da cultura da produção excessiva? Ainda terei que conviver e colaborar com aqueles que estão presos nesse sistema, agindo com medo e urgência. Minha liberdade em relação à cultura da produção está intimamente ligada à cura e à libertação de todos aqueles ao meu redor. O cuidado comunitário e um desmantelamento coletivo total são o objetivo final de qualquer trabalho em prol da justiça, porque sem isso ficaremos vulneráveis à mentira do individualismo tóxico. É o que nossos líderes da justiça têm proclamado durante séculos e, no entanto, o individualismo tóxico, derivado de uma mente exausta e que sofreu lavagem cerebral, continua a ignorar essa sabedoria renovadora.

Estamos todos conectados pelo fato de vivermos em comunidades, trabalharmos em escritórios compartilhados, interagirmos uns com os outros nas escolas, nas ruas e enquanto viajamos. A ideia rígida de que o trabalho em prol da justiça centrado na negritude, nascido das perspectivas da libertação negra age apenas para as pessoas negras é limitante e falsa. A libertação negra é uma mudança global para um mundo inteiro enganado pelas mentiras do capitalismo e da supremacia branca. A crença de que o que alguém faz e vivencia não afeta todos ao seu redor é um mito e uma doença que ataca gravemente os norte-americanos. Quando não descansamos ao mesmo tempo que damos espaço para os outros ao nosso redor descansarem, funcionamos como os sistemas dos quais queremos nos libertar. É minha luta diária ao lidar com empresas, instituições e indivíduos que ignoram constantemente os limites do meu fluxo de trabalho, solicitando-me durante um período de sabá anunciado ou para que eu atue gratuitamente. Fico impressionada com quantas pessoas bem-intencionadas pressionam e microgerenciam agressivamente nossas interações. Como a cultura da produtividade excessiva é um currículo que nos foi imposto e reforçado pela sociedade corporativa e acadêmica, ela está sempre presente. Quando pensamos apenas em nós mesmos e acreditamos que podemos fazer isso sozinhos, criamos danos e um foco de mais exaustão.

Fannie Lou Hamer, ativista pela liberdade e ícone dos direitos civis, e o dr. Martin Luther King Jr. pregavam o conceito de interconectividade como princípio fundamental de organização. Suas palavras: "Ninguém é livre até que todos sejamos livres" e "Ninguém é livre até que todos sejam livres" contêm a mesma energia e verdade. Os ativistas negros pela liberdade compreenderam bem a premência de criar uma comunidade amorosa a partir de uma prática em prol da justiça. bell hooks, em seu clássico texto *Tudo sobre o amor*, remonta às palavras de dr. Martin Luther King Jr. no capítulo "Comunidade: Uma comunhão amorosa". Ela escreve: "Sobre a necessidade de colmatar o abismo entre os ricos e os pobres, Martin Luther King Jr. pregou: 'Todos os homens [e mulheres] estão presos em uma inescapável rede de mutualidade, amarrados em um único traje de destino. Qualquer coisa que diretamente afetar um indiretamente afetará a todos'. Esse abismo é reparado pela partilha de recursos. Todos os dias, indivíduos que não são ricos, mas que são materialmente privilegiados, optam por partilhar com outros. A mútua contribuição fortalece a comunidade".[6] O descanso mútuo e coletivo destrói, interrompe e cura. Nosso descanso coletivo, alinhado a uma profunda viagem ao nosso coração, dá início ao processo de desmanche do capitalismo, da supremacia branca, do racismo, da homofobia, do capacitismo e do patriarcado.

Embora seja trabalho de todos no planeta destruir e reagir à supremacia branca e ao capitalismo, a negritude e as pessoas negras são a base e a bússola para minha abordagem do descanso como forma de resistência. Elas traçaram meu caminho para o descanso e minha recusa de maneiras profundamente espirituais e metafísicas. Não há movimento Descansar É Resistir sem a negritude. Qualquer pessoa que tentar criar e expandir nossa mensagem de descanso deve se aprofundar para estudar e elevar a libertação negra. É a salvação para um mundo exausto. Qualquer um que cooptar nossa mensagem sem dar crédito ao nosso trabalho e aos conhecimentos de pessoas negras está profundamente envolvido nas garras da cultura da produtividade e incapaz de incorporar o descanso. Tais pessoas devem ser criticadas como agentes do capitalismo e do pensamento da supremacia branca.

Estamos em crise. Este movimento não é uma ideia fofa e frívola, e sim uma ruptura intencional contra sistemas muito violentos. Tem o potencial de salvar vidas e restaurar corpos e mentes. É um trabalho de cura que não será fácil. É uma resistência envolta em serenidade e ousada o bastante para enfrentar os poderes constituídos e proclamar em voz alta ou baixa: "Nós vamos descansar!".

Este trabalho é também sobre raiva. Minha tenra raiva sobre o que os sistemas fizeram ao meu corpo, aos corpos dos meus antepassados, à minha família e a toda a cultura. Este trabalho é uma raiva tenra originada de uma escondida raiva ancestral que não foi expressa. Quando penso na cultura da produtividade excessiva e no que ela fez ao meu próprio corpo, intensifico minha resistência. Quando passo algum tempo pensando na manipulação, na fraude e na declaração da cultura da produtividade de que nosso corpo não é nosso e que, na realidade, pertence a sistemas que buscam dominação e riqueza, isso me deixa furiosa e triste. O descanso coletivo não se trata apenas de mudar nossa vida individual, mas de transformar todo o paradigma da cultura. Nossa ruptura do capitalismo e da supremacia branca através do descanso consiste em puxar o véu e permanecer atrás da cortina para perceber que foi uma mentira tudo o que nos disseram sobre descanso, trabalho, sono, lazer e cuidados. À medida que crescia, fui forçada a desempenhar meu papel seguindo um padrão irreal de perfeição na escola, no trabalho e na igreja. Essa crença de "fazer mais" foi transmitida a mim e a meus irmãos pelos meus pais e por todos os adultos em nossa vida, incluindo nossos professores. Lembro-me de estar no ensino fundamental fazendo lição de casa e meu pai me dizendo carinhosamente que eu sempre tinha que me esforçar mais na vida porque o mundo não me via como capaz, embora eu fosse inteligente. Havia uma sensação de ter que fazer mais apenas para ser vista como igual que sempre pairava no ar ao meu redor. Era um padrão mais elevado de excelência, bem na boca do estômago, que me fez ultrapassar o ritmo com facilidade. Algumas vezes, fiquei profundamente perdida no compasso industrial que nossa cultura exige e sabia que não era normal. Toda vez que isso acontecia, eu sentia que algo estava errado. Meu corpo nunca podia relaxar de fato ou fazer uma pausa. Minha mente estava sempre trabalhando, porque eu pensava constantemente na próxima coisa que teria que fazer, a próxima conta a ser paga, as horas que precisaria trabalhar durante a semana para juntar dinheiro, as atividades paralelas que poderia inventar para pagar alguma despesa inesperada. Cada momento do dia era dedicado ao que eu poderia realizar. A verdadeira libertação, para mim, é não ter que tentar constantemente provar meu valor ou riscar itens da lista de tarefas. É apenas existir.

Adoro a ideia de simplesmente existir e ser quando a direcionamos às pessoas negras. O conceito de "você precisa ser melhor do que aqueles que vieram antes", a excelência negra e o ciclo interminável para ser uma inspiração e um "modelo" é cansativo, insustentável e impregnado de supremacia branca e políticas de respeitabilidade, destruindo nossa autoestima como negros. E se nos contentarmos apenas com nascer, ter uma vida, respirar e estabelecer uma ligação com nosso interior e com nossa família? Com esse conhecimento profundo da nossa divindade, sem fazer nada além? É o que espero para muitos de nós. Agradeço a meu pai, meu ancestral mais próximo, por me mostrar como criar momentos de descanso dentro de um sistema capitalista.

Nosso objetivo não é apenas tirar cochilos. A resistência em nossa estrutura Descansar É Resistir significa que descansamos não importa o que os sistemas digam. Nós reimaginamos o descanso. Criamos espaços de descanso físico, espiritual e psicológico para transgredir e reagir contra a supremacia branca e o capitalismo. É uma desprogramação para toda a vida. Uma transformação da mente e um estilo de vida que apresenta o descanso como ferramenta de libertação. O corpo tem informações. A resposta ao trauma é continuar e nunca parar. A cultura da produtividade nos prende em um ciclo de trauma; o descanso destrói e interrompe esse ciclo, é uma prática de se reapropriar do nosso corpo. O descanso fornece um portal para cura, imaginação e comunicação com nossos ancestrais. Podemos resolver as coisas em um Espaço do Sonho. Que momentos milagrosos você está perdendo porque não descansa?

COMO DESCANSAR

Não precisa ter pressa. Nem urgência. Desprenda-se das mentiras da cultura da supremacia branca. O descanso é uma prática meticulosa de amor. Como será possível descansar em um sistema capitalista? Como será o descanso na realidade da nossa vida cotidiana? Como pagar as contas e descansar? Qual é o primeiro passo? Este não será um trabalho fácil. Devo avisar, desde o início, que descansar, desacelerar, cochilar e dormir não são hábitos que a cultura da produtividade espera de nós. Haverá uma resistência real, visto que os sistemas nos tornam inflexíveis e mecânicos. O descanso nos mantém ternos, e há poder em nossa ternura e cuidado. Teremos que desacelerar o suficiente para ouvir o que nosso coração e nosso corpo querem compartilhar conosco. Nossa vida é um belo experimento de curiosidade e criação. Podemos criar uma vida fora dos sistemas tóxicos. O cuidado coletivo, a imaginação e o descanso são vitais para nossa libertação. Sem eles, não vamos conseguir.

PARA QUEM É O DESCANSO

O descanso é para os cansados, para aqueles que trabalham duro, que estão tentando chegar lá, que estão dando um jeito mas ainda se encontram desconectados, para aqueles que se perguntam quando conseguirão dormir uma noite inteira, para aqueles que pensam que não merecem dormir e descansar porque foram socializados para acreditar nisso, para os obreiros religiosos e quem está na linha de frente, para aqueles que criam os filhos e buscam fazer seu melhor, para os empreendedores, desempregados, operários, executivos, aqueles que sofreram lavagem cerebral por um sistema que ensinou que ninguém é suficiente a menos que produza. O descanso é para todos nós. É um movimento global para que todos possamos voltar à nossa divindade. O descanso é nosso direito divino. Não é um luxo ou um privilégio.

Descansar é tão natural quanto respirar e acordar. Faz parte da nossa natureza. Descansar é fazer com que as pessoas voltem a sua forma mais genuína, ao que eram antes que o capitalismo roubasse sua capacidade de simplesmente ser. Descansar é qualquer coisa que te desacelere o suficiente para permitir que seu corpo e sua mente se conectem da maneira mais profunda. Devemos sempre lembrar que nosso corpo e nosso valor não estão ligados a quantas coisas riscamos de uma lista. Você pode começar a criar uma "lista de tarefas a não serem feitas" à medida que adquire ímpeto para estabelecer limites saudáveis. Nossa oportunidade de descansar e reimaginar o descanso é infinita. Sempre há tempo para descansar quando reimaginamos.

O descanso é para todos que estão presos na teia da cultura da produtividade. Nunca podemos esquecer que tal cultura é uma colaboração sinistra entre o capitalismo e a supremacia branca. Quando enxergamos a partir desse prisma, vemos que estamos todos presos nesses sistemas tóxicos. Nascemos, fomos criados e treinados, desde então, dentro do mesmo currículo. Tanto ricos quanto pobres são afetados pela deficiência espiritual que ocorre quando se está ligado a um sistema como o capitalismo. Todos somos prejudicados de maneiras distintas. A história confirma esse fato.

....

ALGUMAS FORMAS DE COMEÇAR

1. Faça uma desintoxicação das redes sociais semanal, mensal ou até mais frequente.
2. Comece a curar seu trauma individual, o motivo pelo qual é difícil para você dizer não e estabelecer limites saudáveis.
3. Inicie uma prática diária de devanear.

4. Aceite que não existe solução rápida ou mágica, tampouco mudança instantânea.
5. Entenda, aos poucos, que você sofreu uma lavagem cerebral. Isso acontece por meio da sua socialização em uma cultura capitalista. Comece a se desprogramar aceitando essa verdade.
6. Desacelere.
7. Você é suficiente hoje. Se tiver que repetir essa frase para si mesmo todos os dias, faça isso. Passe a reparar na forma como a supremacia branca e o capitalismo destruíram sua autoestima e sua capacidade de se dar valor.
8. Compreenda que a exaustão não é produtiva. Você não está descansando para ter energia para ser mais produtivo e trabalhar mais.
9. Ouça.
10. Crie sistemas de cuidados comunitários.

....

Como é o descanso na prática? A lista a seguir foi compartilhada por centenas de milhares de pessoas em nossas redes sociais como um meme. Ela atinge um lugar dentro de nós que busca um caminho acessível e um guia diário. É importante que aqueles que são atraídos pela mensagem do descanso sigam um caminho flexível, complementado pela própria experimentação e imaginação. Você é o especialista no seu corpo. O corpo sabe mais do que lhe damos espaço para demonstrar. Nosso corpo é a tecnologia de si próprio. Reimaginar o descanso é mais do que tirar cochilos. É um modo de viver ao desacelerar, conectar e reimaginar. A prática do descanso é o caminho. O trabalho do Ministério do Cochilo começa e termina com o poder de as pessoas vivenciarem em seus corpos o descanso intencional e conectado. Não há palavras suficientes para explicar como é um descanso profundo e terno. O descanso deve ser praticado todos os dias, até que se torne nossa base.

....

DESCANSAR PODE SER

1. Fechar os olhos por dez minutos.
2. Tomar um banho mais longo em silêncio.
3. Meditar no sofá por vinte minutos.
4. Ter devaneios olhando pela janela.
5. Beber chá quente antes de dormir, no escuro.
6. Dançar sozinho ao som de uma música lenta.
7. Experimentar um Banho de Som ou outra cura sonora.
8. Fazer uma prática de saudação ao sol (sequência de posturas de ioga).
9. Tirar um cochilo cronometrado de vinte minutos.
10. Orar.
11. Fazer um pequeno altar em sua casa.
12. Tomar um banho de banheira bem quente.
13. Fazer pausas regulares nas redes sociais.
14. Não responder na mesma hora a mensagens de texto e e-mails.
15. Ouvir profundamente um álbum de música completo.
16. Fazer um passeio meditativo pela natureza.
17. Praticar um trabalho manual, como tricô, crochê, costura ou quilting.
18. Tocar um instrumento musical.
19. Manter contato visual intenso.
20. Rir do fundo do coração.

....

O descanso simplificou a minha vida. Tornou possível o que antes parecia impossível. Tomar a decisão de resistir a um sistema violento ao ir dormir confirmou que eu poderia fazer qualquer coisa e desmistificou ainda mais as mentiras da cultura da produtividade. Corremos em círculos, em grande parte, por causa do medo e da escassez. Desacreditados, não conseguimos prosseguir, em virtude das nossas experiências pessoais e do que é reforçado pelos outros ao nosso redor. Eu ouvi, repetidas vezes, de empregadores, amigos, professores, políticos e líderes religiosos que o objetivo da vida era produzir, trabalhar duro e correr atrás de riqueza e realização. Já me disseram: "Deus ajuda quem cedo madruga", "Quando morrer, eu durmo", "Se você não for atrás do que é seu todos os dias, nada vai dar certo para você", "Eu trabalho enquanto vocês dormem", "É preciso virar a noite para conquistar as coisas", "A turma dos que não dormem", "Ocupação é diversão" e "Vença pelos próprios esforços". Todas essas palavras tóxicas e muitas outras fazem parte da linguagem de uma cultura determinada a aumentar a produção e o lucro.

Sempre ouço sobre como nos exaurimos para sermos considerados valiosos e me questiono em que momento conseguiremos enxergar nosso valor próprio. Quando isso acontecer, estaremos mais próximos da libertação. Como podemos alcançar o prazer, a alegria e a libertação se estamos cansados demais para senti-los? É uma questão fundamental do Ministério. Uma investigação a ser processada e examinada constantemente. Falamos muito bem sobre todas as coisas materiais e imateriais que desejamos para nos sentirmos inteiros e completos sem debater a privação de sono, a exaustão e a desconexão que sofremos. O que poderemos alcançar e identificar quando estivermos alinhados com nossos objetivos e sonhos? Penso em todas as vezes que os afazeres e a exaustão roubaram minha alegria e possíveis conexões vitais. Quantas vezes você tentou se conectar com um amigo ou ente querido, mas um horário de trabalho terrível e uma necessidade de se apressar interromperam a conexão, roubaram seu tempo juntos ou tornaram o vínculo quase impossível? Quantos pais estão perdendo as atividades e lembranças dos filhos por causa de uma semana útil de sessenta horas ou dos vários empregos que precisam acumular? A cultura da produtividade prejudica a comunidade ao normalizar a rotina de trabalhar o dia todo e ir para a cama exausto, depois se levantar e trabalhar mais. A roda urgente do capitalismo gira despreocupada com os que a fazem funcionar. O capitalismo mercantiliza tudo o que pode e não permite espaço para experimentarmos todo o espectro do que é ser humano.

Além de roubar sua imaginação e seu tempo, a cultura da produtividade sequestrou a capacidade de ter prazer, hobbies, lazer e experimentar. Estamos presos em um ciclo interminável de ir e fazer. Desde jovem e já na idade adulta, fui ensinada que os hobbies devem ser atividades paralelas para ganhar dinheiro extra. Lazer e férias eram raridades. Desde o nascimento até meus vinte anos, nunca saí de férias com minha família nem vi meus pais irem viajar. A pobreza tornou isso quase impossível, pois cada centavo que entrava em casa era usado para contas e despesas diárias. Quando meu pai tinha folga e férias do trabalho, ele passava esse tempo cumprindo tarefas, encarregando-se de compromissos, fazendo reparos na casa ou pegando mais trabalho na igreja. Saí de férias pela primeira vez quando voei para a Califórnia para ver meu tio Dennis, na época da graduação. Tínhamos pouco ou nenhum tempo para explorar, passear, descobrir as coisas e relaxar. A ideia de viver uma vida plena e simples é complicada por causa das complexidades e desigualdades da nossa cultura tóxica. Essa exigência de abrir espaço no tempo para simplesmente existirmos é crucial para nossa cura e libertação. Sem isso, não conseguiremos resistir. A quantidade de descanso compartilhado e intencional que podemos materializar se torna um bote salva-vidas em um mar revolto. Ela se derrama em nossa capacidade de permitir o ato de cuidado e amor para nos salvar.

Devemos descobrir, simplificar e abandonar o vício em fazer coisas.

Que nosso descanso seja uma ressurreição. Deixemos que os véus sejam levantados para que possamos sentir, ver, provar e cheirar o poder do nosso eu descansado. Que possamos compreender que uma transformação mental deve acontecer para reimaginarmos e reivindicarmos o descanso como sagrado. Que possamos nos sentir entusiasmados com o impossível e superar qualquer cinismo ou desesperança para emergir do outro lado firmes com amor, persistência e esperança. O descanso pode salvar, dar base e estrutura quando nos sentimos fracos e encurralados. Nossa maior esperança de prosperar e romper o paradigma é descansar profunda e intencionalmente. O descanso é o trabalho. É assim que o portal para a libertação e a percepção surgirão e permanecerão abertos. Que o portal do descanso seja nosso refúgio. Que possamos atravessá-lo sempre.

PARTE 2
SONHE!

*Para meus ancestrais: seu trabalho e o roubo
dos seus corpos não serão em vão. Eu vou
descansar por vocês. Vou reconquistar o
Espaço do Sonho que vocês perderam.
Lá, ressuscitaremos juntos.*

*Inspiração: Devaneios, Octavia Butler,
Audre Lorde, Teologia mulherista*

*Seria inteligente que não
Ignorássemos o descanso e o cuidado
Não podemos nos dar ao luxo
de ficar exaustos e desconectados!
Trabalhamos, de fato, para eles quando nós
Temos medo do nosso próprio poder.*

UM MOMENTO DE DEVANEIO QUE VIVI NO LUTO

Ao fechar os olhos, comecei a imaginar minhas tranças subindo e se transformando em hélices que me permitiriam levitar e voar para outro planeta. O tal planeta nunca viveu racismo, sexismo, classismo ou qualquer tipo de ódio. Lá, as pessoas dormem por até dezoito horas ao dia, como gatos. No sono, seus sonhos produzem todo o trabalho de que precisam para sobreviver e prosperar. A comida é cultivada através dos sonhos. O planeta é um santuário para corpos negros que foram destruídos na Terra pela violência e opressão. Essas pessoas agora fazem parte do Conselho e atuam como embaixadoras espirituais para todo o planeta. Trayvon Martin está lá, Rekia Boyd está lá, Sandra Bland está lá, George Floyd está lá e Breonna Taylor está lá. Estão todos juntos, vestidos de branco, sorrindo e descansando.

Tive essa visão durante uma sessão de devaneio de meia hora, que me acalmou e abriu um espaço tranquilo para que eu pudesse passar pelo luto e descansar. Pude sentir no corpo e na mente uma alternativa ao que aconteceu. Chamo meus devaneios de *raciocínios de amor*. Este Ministério promove o devaneio como uma das muitas formas de descanso, e ela pode ser acessada a qualquer momento. Um minicochilo. Quando crianças, muitos de nós fomos punidos por sonhar acordados enquanto estávamos em sala de aula. Os professores, formados na cultura da produtividade, presumiam que os alunos que sonhavam acordados não prestavam atenção. Aos poucos, aprendemos que nosso tempo para imaginar e assimilar novas informações é errado e não faz parte do aprendizado. Iniciamos o processo vitalício de nos desconectarmos do nosso corpo e aprendemos a ignorar as maneiras sutis e ousadas pelas quais nossa matéria e espírito se comunicam conosco constantemente.

Posso sonhar acordada por horas e me lembro muito bem de fazer isso como uma prática diária desde criança. Naqueles momentos de devaneio, eu pensava em minha própria história e imaginava mundos que pareciam reais. Eu estava elaborando minha história enquanto fazia uma pausa e deixava minha mente e meu corpo se conectarem. Como artista e pessoa criativa, sempre vivi no meu próprio tempo. Lembro-me de ter sete anos e estar sentada na varanda de concreto da casa de dois quartos da minha infância em Harvey, Illinois. Nunca esquecerei aquela varanda: cimento liso, com quatro degraus que se expandiam para uma área elevada, grande o suficiente para uma cadeira e rodeada por um gradil de ferro todo trabalhado. Eu passava verões inteiros sentada nas escadas olhando para o céu, cantando para mim mesma, criando histórias, observando pássaros e abrindo espaço para minha mente vagar.

À medida que fui crescendo, esses momentos aconteciam cada vez menos. Fui apressada por meus pais, professores, colegas de classe e de trabalho, gerentes e amigos. Toda a cultura colabora para não descansarmos. Não existe nenhum sistema em nossa sociedade que nos apoie e abra espaço para descansarmos. Esta cultura não quer que você descanse, a menos que o objetivo seja o aumento do trabalho e da produtividade. Ninguém vai lhe oferecer descanso. Esta é uma investigação atípica. Uma contranarrativa. É um trabalho de confiança. É um trabalho de cura. É um trabalho decolonial. É uma subcultura que reserva espaço para o florescimento de uma resistência.

> Um espaço metafísico. Um componente crucial para este movimento de descanso. Isto é a preparação, o clamor, a alternativa, a contranarrativa, a queda livre.

Uma comunidade alternativa de interessados pelo descanso deve ser exibida e vista como uma possibilidade. Em A *parábola do semeador*, de Octavia Butler, a jovem protagonista serve de inspiração para nossos sonhos: "Estou aprendendo a voar, a levitar. Ninguém está me ensinando. Estou aprendendo sozinha, pouco a pouco, a cada lição de sonho".[1] Essa ideia da lição de sonho reverbera como motivação para iniciar nosso processo de desprendimento e cura. Talvez tenhamos medo ou incerteza sobre como e quando vamos descansar. Podemos superar a culpa, a vergonha e o medo que surgirão ao reivindicarmos nosso corpo e nosso tempo. Esta é uma verdade vulnerável da qual não devemos fugir nem nos esconder. Pode ser extenuante contrariar os desejos e planos da cultura dominante. Fomos ensinados a trabalhar incessantemente, a fingir até conseguir, a ignorar os sinais do nosso corpo, tudo porque os sistemas em que vivemos foram feitos para diminuir e pressionar os trabalhadores o máximo possível para aumentar o lucro.

A parte de Sonho do nosso trabalho de descanso está profundamente ligada ao âmbito metafísico e espiritual. É um momento para se libertar dos limites da realidade linear e concreta. Durante sua desprogramação, saia da caixa do Prático. A cultura do trabalho excessivo nos domina quando se implanta em nossa mente, sem permitir que a tecnologia do nosso corpo divino se expanda e se desenvolva. Há um conhecimento vasto e uma sabedoria adormecidos em nosso corpo e coração exaustos e desgastados. Acredito que a parte do Sonho do nosso desprendimento será a mais desafiadora porque vai contra tudo o que aprendemos para manter o ritmo e a desconexão da cultura da produtividade. Com a supremacia branca, introjetamos um pensamento binário, e a rigidez desse tipo de raciocínio nos mantém acessíveis aos sistemas tóxicos mas incapazes de habitar a divindade do nosso verdadeiro eu. Esse é um momento para simplesmente parar e sentir. Um momento para não forçar ou tentar dar sentido ao que pode e vai acontecer quando permitirmos que nosso corpo se cure da enorme carga que temos arrastado, de maneira consciente e inconsciente. Você consegue se lembrar de um momento na sua vida em que te disseram que o automatismo de seus dias não é normal? Pense nisso por um instante. Absorva isso agora. Nenhum de nós teve espaço para sonhar com qualquer coisa fora do modelo no qual nascemos. É revolucionário ouvir: "Você está fazendo demais. Você pode descansar. Você pode simplesmente existir. Você pode existir". Acreditar nisso e continuar a sonhar com maneiras de sentir e encontrar descanso, cuidado e cura é libertador.

Quando reconhecemos isso, podemos, pouco a pouco, começar a honrar nosso corpo e confiar em nossa capacidade de aprender novas formas de existir. Não precisamos estar esgotados, privados de sono, dolorosamente exaustos ou desconectados de nós mesmos e uns dos outros. Mesmo quando não temos todas as respostas sobre as melhores maneiras de desprogramar a lavagem cerebral a que fomos submetidos em relação ao descanso, ainda podemos seguir em frente. Podemos sempre estar abertos para sonhar no processo de descanso. Para muitos, o descanso não é uma proposta familiar. Pode ser desconcertante passar pelas maneiras desconhecidas pelas quais o descanso é capaz de nos salvar. Devemos continuar a aprender, confiar e experimentar. Se perdermos a esperança, devemos dormir e sonhar com maneiras de encontrar motivação outra vez.

Descansar em um Espaço do Sonho é como jogar um tijolo na janela de vidro do capitalismo. Quero que nosso descanso intencional grite com a opressão em um megafone e depois emerja suave e pleno. Que, pouco a pouco, sussurre num ritmo que pareça desnecessariamente lento e estranho, até que se torne seu batimento cardíaco. Permita que o espaço que o sonho requer te conduza de volta ao seu verdadeiro eu. O terno ser humano, aprisionado no dever violento de trabalhar demais para justificar seu valor. Nosso trabalho é sonhar. Descansar é o nosso objetivo.

Roubaram o Espaço do Sonho. Nossa capacidade de sonhar, pausar e devanear foi substituída pelo sequestro do nosso tempo, amor-próprio, autoestima, esperança e conexão com nosso eu e uns com os outros. Ao botar as pessoas para dormir, vamos despertá-las. Como sonhamos com um futuro que queremos ver? Como podemos simplesmente acessar nosso fluxo de sonho? Quem te ensinou a sonhar? Quem aguça a sua imaginação? Quando o seu desejo de sonhar acordado desapareceu? Quando você começou a considerar a ideia de sonhar acordado como algo frívolo e uma perda de tempo? Como você pode começar a se acolher em um Espaço do Sonho que está só esperando por você? Como começar a se desconectar das mentiras da cultura da produtividade o bastante para entrar em um momento de sonho? Será preciso coragem para se desprogramar da lavagem cerebral do capitalismo. Horas e horas de devaneio e silêncio serão necessárias para manter um fluxo energético que será o guia para sua libertação.

A teóloga mulherista Emilie Townes compartilha com primor a plenitude da libertação como um processo. Em seu artigo "Ethics as an Art of Doing the Work Our Souls Must Have" [A ética como uma arte de realizar o trabalho que nossa alma deve ter], que faz parte da antologia *Womanist Theological Ethics: A Reader*, ela faz uma distinção entre libertação e liberdade: "Uma importante distinção deve ser feita: libertação e liberdade não são a mesma coisa. A libertação é um processo. A liberdade é um estado temporário de existência. A libertação é dinâmica. Nunca acaba".[2]

Ao ler o trabalho de Townes, pela primeira vez comecei a pensar na beleza da libertação como uma prática para a vida toda. Em última instância, foi o que me permitiu começar a sonhar. Finalmente eu tinha tempo para apenas existir. Antes de ter essa revelação, eu acreditava que precisava descobrir tudo aquilo que, em minha vida interna e externa, estava me causando mal e corrigir esses pontos o mais rápido possível com as informações que tinha no momento. Tudo era sempre urgente e apressado. Um sentimento de ansiedade sobre o que precisava ser feito pairava o tempo todo. Nunca me ensinaram que eu tinha uma miríade de informações e orientações de cura esperando por mim em um ritmo desacelerado no Espaço do Sonho. Disseram o contrário: que era preciso estar sempre trabalhando para consertar. Eu não enxergava meu corpo como um lugar de sabedoria infinita, e sim como uma ferramenta a ser usada para impulsionar, criar, descobrir e fazer. A maioria de nós que sobrevivemos às demandas da cultura da produtividade está nesse lugar. Eu sei disso pela forma como muitos reagem quando ouvem falar do nosso trabalho pela primeira vez e começam a compreender que ele vai muito além dos cochilos de fato.

Sonhar acordado, ou devanear, é uma forma de descanso: estamos abrindo o coração para fazer o que deve ser feito. Sinto como se estivesse nos braços macios da minha avó quando ela faz cafuné na minha cabeça. É um cobertor de cuidado nos envolvendo com doçura. Um momento reconfortante. Somos socializados em sistemas que nos deixam conformados e acreditamos que nosso valor está ligado ao quanto podemos produzir. Nosso trabalho constante se torna uma prisão que nos distancia do nosso próprio corpo. Tornamo-nos fáceis de manipular pelos sistemas, desconectados do nosso poder como seres divinos e desprovidos de esperança. Esquecemos como sonhar. É assim que a cultura da produtividade se perpetua. Internalizamos as mentiras e, assim, nos tornamos agentes de um modo de vida insustentável. Lembre-se de que a cultura da produtividade não é um monstro ilusório distante de nós. Está presente em nossos comportamentos corriqueiros, na falta de limites que estabelecemos, nas escolhas que fazemos e na forma como nos envolvemos com nós mesmos e com nossa comunidade. Somos uma cultura da produtividade excessiva. Devemos descansar e sonhar.

Audre Lorde é a inspiração para nossos sonhos e devaneios. Recomendo a quem acompanha este Ministério que leia toda a obra dela. Mergulhe nela. Reflita sobre ela. Permita que essa maneira radical de pensar o abrace como as mãos da pessoa que você mais ama. Leia, processe, cure, sem pressa. Não é uma corrida. A urgência é um mito que ativa seus medos sobre o futuro. Assim como Audre Lorde, estou completamente encantada e ofereço meu corpo no altar da poesia. Sou uma sonhadora porque sou poeta. Em seu ensaio "A poesia não é um luxo", ela compartilha seu vínculo e crença na poesia como uma necessidade para a esperança. Às vezes, deito e leio a poesia de Audre com a esperança de adormecer, para pegar no sono flutuando em suas palavras. Cada estrofe me leva mais fundo no estado de sonho. "A poesia não é apenas sonho e imaginação; ela é o esqueleto que estrutura nossa vida. Ela estabelece os alicerces para um futuro de mudanças, uma ponte que atravessa os medos que sentimos daquilo que nunca existiu."[3]

Não acredito que teria chegado a esta jornada de sonho se não fosse poeta e amante de poesia. Às vezes me pergunto se teria sido capaz de me abrir para a possibilidade de mudar a cultura por meio de cochilos. Talvez eu conseguisse chegar até aqui sem a arte, mas teria sido um percurso mais difícil. Para mim, a poesia, assim como o descanso, vem do lugar silencioso da nossa escuta. A poesia, assim como o descanso, revela recantos do desconhecido enquanto indica o caminho sem esforço. A poesia dá sentido ao significado e nos permite reconstituir coisas que foram dilaceradas. A poesia, assim como o descanso, pode ser assustadora devido ao mistério que ela permite, mas é exatamente por isso que devemos enfrentar nosso medo: devemos sonhar e deixar que o descanso conduza nossa cura e curiosidade.

O descanso são conversas reais.
Eu não conheço outra maneira
de avançar.
O descanso é o roteiro.
O fio condutor — um relator da verdade.
O descanso é uma reunião sua com você mesmo.

Com pauta determinada.
O descanso de joelhos, sussurrando baixinho,
no lado direito da cama.
Descansar é sonhar na hora do almoço.
A energia do Rastafári que ensinou
a orar de pé,
com os olhos abertos
as mãos bem erguidas.
"Pois como você verá e saberá quando as orações serão respondidas?"
O descanso é o óleo sagrado
da cômoda de madeira da minha mãe.
Azeite Pompeian, aquele refinado, no frasco de vidro.
Abençoado pelos anciãos.
Derramado sobre nossa cabeça enquanto repreendemos o diabo.
O descanso é a imposição de mãos.
Um campo de força ao seu redor.
O descanso é um sonho que se tornou realidade.
Um portal.
Um lugar de honestidade.
Um lugar de confiança.
Um refúgio sagrado.
Uma saudade do tamanho de uma dissertação.
O descanso funciona.
O descanso sonha.
É um poder infinito em movimento.
É o cuidado ao nosso redor.
O descanso é um presente e uma antena.
Um antigo chamado pendurado na ponta da língua,
de uma cabeça leve em um travesseiro de seda.
O descanso está nos aproximando.
O descanso é casa.

Depois que decidi que iria descansar e sonhar, não importando as consequências, quando adotei a filosofia de "aconteça o que acontecer", a facilidade, o apoio e a compreensão vieram de forma rápida e natural. A fé radical é o que fundamenta minha prática de vida e, portanto, fundamenta a maneira como me aprofundo no descanso. Cultivar uma fé extrema é viver de maneira arriscada e, ao mesmo tempo, sentir-se amparado e protegido. Depois de se adaptar, você ganha poder. Você se torna mágico. Pode voar alto. Você pode sonhar.

Tenho esperança de que este Ministério esteja subvertendo os conceitos que nos cegam para as possibilidades que nos aguardam do outro lado da exaustão. Quanto mais vivi o descanso no âmbito pessoal, mais tive a possibilidade de me abrir e me expandir para o que é de fato possível. Percebi que o descanso me traz de volta a mim mesma de uma forma natural e conectada. Por quase dez anos, lembro-me claramente de ter passado pela vida aturdida. Quanto mais descansarmos, mais vamos despertar. Se o descanso proporcionou a sobrevivência e nos sustentou durante a escravidão, em uma época em que nosso corpo era propriedade e famílias foram separadas, por que limitamos o que ele pode fazer por nós agora? Por que o aprisionamos e sufocamos suas chamas renovadoras? Se o descanso é de fato libertador, mágico e todo-poderoso, como ousamos limitá-lo com as mentiras da supremacia branca, do capitalismo, do patriarcado e do capacitismo? Parece que estamos vivendo abaixo do nosso potencial como seres divinos com corpos prontos para a liberdade que somos. Sei que o descanso radical nos salvará se permitirmos que isso aconteça. Sei que abrir espaço em sua mente para sentir e sonhar mudará as coisas.

Se você é uma pessoa negra descendente de africanos escravizados pelo comércio transatlântico, considere o fato de que seus ancestrais construíram uma nação inteira de graça com trabalho que lhes foi usurpado. Use essa informação a seu favor, para que você não precise se matar de trabalhar agora. Seus ancestrais desejam lhe oferecer tranquilidade e descanso. Desacelere por tempo suficiente para adquirir essa percepção em seus sonhos e pensamentos. Acredito no portal do descanso; respostas esperam por nós lá.

A história é muito importante na estrutura do Ministério do Cochilo. Nossa lembrança é alimentada pelo devaneio. Minhas ações são inspiradas pelo trabalho em prol da justiça da década de 1960, e desde adolescente sou obcecada por estudar o Movimento dos Direitos Civis, a Não Violência Kinguiana, Rosa Parks e os princípios de Malcolm X. Esses mentores teóricos — pessoas com quem você aprende, em quem se inspira e com quem troca ideias ao estudar seus escritos —, pessoas que nunca conheci ao vivo, me oferecem grande inspiração; no entanto, minha capacidade de abarcar o mistério, a história, o espírito e o sonho veio da minha avó Ora. Minha história familiar é tão importante quanto a que aprendi na escola. Além de ser a minha referência para reimaginar o descanso quando eu era criança, a maneira como ela viveu e prosperou é uma aula magistral sobre como se render a um Espaço do Sonho. Ela é uma ancestral, e aparece com frequência em meus sonhos agora. Quando eu era pequena, ela me dizia que eu era a sua favorita em meio a nossos dias de jardinagem e conversas filosóficas no sofá forrado de plástico da sua pequena sala de estar. Eu me sentava debaixo dos braços largos e ouvia enquanto ela falava no que parecia ser uma linguagem de mistério e alumbramento. Nós nos conectávamos em um nível espiritual, e eu ficava grudada nela. Para mim, ela sabia de tudo, tinha remédios caseiros para cada enfermidade, preparava grandes travessas de torta de mirtilo, abria a casa para todo e qualquer membro da família que precisasse de um lugar para descansar. Mas foi observá-la sonhar acordada, descansar os olhos, orar e profetizar sobre os caminhos do espírito o que me atraiu para este mundo de materialização e sonho e me manteve aqui. Certa vez, quando passávamos por um cemitério a caminho da loja da esquina, ela me falou que eu nunca deveria ter medo dos mortos. Ela disse: "Não tenho medo de gente morta. Eu dormiria tranquila em um cemitério. Os espíritos estão ao nosso redor. Estou mais preocupada com aqueles que caminham sobre a Terra. É neles que você deve prestar atenção. Fique de olho nos vivos". A orientação para "ficar de olho nos vivos" abriu um caminho para que minha curiosidade aumentasse. Estou totalmente concentrada nas maneiras como nós, como coletivo, podemos nos salvar ao descansar. Como podemos sonhar para alcançar a liberdade?

Meus sonhos e devaneios são formas de descanso. Não precisamos nos matar de trabalhar. Fazer isso é se desconectar, é uma violência. Sonhar gera energia, permite que eu acesse minhas ideias mais profundas e abre espaço. É muito importante ter um espaço para simplesmente existir e me libertar das exigências de uma cultura em constante e ininterrupta evolução. Sem isso, permaneceremos presos no ciclo interminável de traumas criados pela cultura da produtividade. Essa cultura nos aprisiona em um ciclo de trauma; o descanso interrompe o circuito. Eu sonho acordada todos os dias e tenho usado essa prática de descanso quando não tenho tempo para deitar debaixo de um cobertor e descansar por um período completo de sono. Faz parte da meticulosa prática do amor. Nosso sonho coletivo é a próxima dimensão deste trabalho. Devemos permanecer no Espaço do Sonho. Permanecer em um Espaço do Sonho requer prática e imaginação. Requer abrir-se para ver como é belo que o tempo pertença às pessoas. Como podemos recuperar o espaço para sonhar?

TÉCNICAS PARA CRIAR ESPAÇO PARA SONHAR

- Cultive uma comunidade sólida na qual não seja permitido usar a internet. Encontre e crie espaços de intimidade, responsabilidade e vulnerabilidade.
- Seja subversivo como meus antepassados na Underground Railroad e na Grande Migração. Invente um espaço de alegria, liberdade e descanso agora mesmo. Bem diante de você. Agora se deite.
- Perambule até se perder. Seja como os maroons. Decida que você nunca será escravizado. Você não está fugindo: sua vida não pertence aos sistemas. Não há nada do que fugir.
- Descanse ao desacelerar. Descanse em segredo. Descanse abertamente. Saia do celular. Escreva mais à mão. Documente sua existência fora da internet, em tempo real.
- Faça trocas e, mutuamente, ajude outras pessoas. Faça do cuidado comunitário seu maior objetivo, aprenda a cultivar seus próprios alimentos ou apoie um agricultor negro ou indígena, contribua com um herborista e outros fitoterapeutas.
- Descanse como se sua vida dependesse disso, não importa o que aconteça. É assim que vamos prosperar.

A dimensão espiritual do descanso fica evidente nas nossas Experiências de Cochilos Coletivos. A sala é organizada com cuidado e amor para que o portal do descanso se expanda e nos acolha. Os elementos para essas experiências permanecem os mesmos desde a primeira vez, em 2017: tapetes de ioga, travesseiros, cobertores, velas, um altar repleto de fotos de pessoas negras descansando, algodão natural, jarros de água, flores frescas e uma trilha sonora de músicas para descansar. O primeiro evento seria uma apresentação única, uma oportunidade para que eu fizesse a curadoria de todo o conhecimento que adquiri na pós-graduação e também reunisse a pesquisa que orientou a formação do Ministério do Cochilo. Eu esperava que talvez dez pessoas comparecessem. No final, quarenta pessoas foram para se sentar e tirar uma soneca no altar de descanso. Eu não conhecia a maior parte delas. Souberam sobre o evento em pequenos jornais locais ou por meio de algum amigo. Ali, foram tranquilizadas por uma paisagem sonora da natureza enquanto se aconchegavam em travesseiros no chão, enroladas em cobertores que levei da minha própria casa e da casa da minha mãe. Ao caminhar lentamente me conectando com o espaço, percebi em um dado momento que todos ali dormiam pacificamente ao mesmo tempo. Um silêncio poderoso envolveu o espaço, e eu me lembro de ter ficado impressionada com aquele momento divino, enquanto quarenta estranhos partilhavam o ambiente de forma tão íntima e vulnerável. Tudo era sagrado, seguro e expansivo, enquanto a energia do descanso coletivo preenchia o local. Com isso, pude compreender o quanto sou honrada por pessoas confiarem a mim a orientação a um estado de sonho.

Depois de duas horas de pessoas entrando e saindo do portal do descanso, tive que acordá-las para desocupar o espaço a tempo do evento seguinte. Elas teriam dormido a noite inteira. Muitas lágrimas surgiram quando abri um espaço para a Conversa do Cochilo após a experiência de descanso. Sempre surgem lágrimas nas Experiências de Cochilo Coletivo, sejam presenciais ou virtuais. As pessoas acordam chorando ao perceberem como estavam exaustas. Elas não percebem a intensidade do seu esgotamento até tirarem um cochilo no meio do dia. Esse momento de pausa favorece muitas epifanias. Outras pessoas choram porque estão emocionadas por terem descansado sem culpa ou vergonha pela primeira vez na vida. Em uma Experiência de Cochilo Coletivo realizada em uma biblioteca pública de Atlanta, uma mulher compartilhou com o grupo que geralmente se sente solitária e, nesse momento de descanso com outras pessoas, sentiu-se abraçada e contemplada. Enquanto eu estava arrumando tudo para sair, um dos participantes se aproximou e perguntou para quando o próximo evento estava marcado. Nas palavras dele: "Temos que fazer mais. Eu preciso disso".

    Eu nunca planejei fazer o encontro com regularidade. Mas as pessoas continuaram pedindo pelo próximo, e eu permaneci aberta às maneiras criativas pelas quais as experiências de descanso poderiam ser instaladas na comunidade. Nunca neguei, no início, um pedido de prática de descanso. Essa tem sido uma experiência graciosamente expansiva, que permitiu à comunidade descansar em estúdios de ioga, porões de igrejas, parques municipais, salas de conferências, bibliotecas, teatros, livrarias, ginásios, escolas públicas, universidades, galerias de arte, casas, apartamentos e espaços de trabalho compartilhados. Onde quer que exista um chão limpo ou espaço ao ar livre, existe a possibilidade de instalar e preparar uma experiência de descanso. Durante aquela primeira vez, olhei ao redor e pensei comigo mesma como o descanso coletivo é especial, sagrado, libertador e ungido.

Desde o nosso primeiro programa-piloto, a Experiência de Cochilo Coletivo continuou a evoluir, às vezes para apenas duas pessoas, ou para eventos de descanso virtuais com várias centenas de participantes. Uma das mais belas experiências que facilitei ocorreu nas montanhas do Colorado, em um retiro chamado Protesto contra o Estresse, coordenado pela organização Girl Trek. Mais de quinhentas mulheres negras de todo o país se reuniram para uma semana de oficinas, aulas e comunhão. Cinquenta delas se reuniram em um grande ginásio abarrotado de tapetes de ioga, travesseiros, iluminação suave e uma playlist de música negra de cura. Suas idades variavam de 21 a 65 anos. Estavam prontas e animadas para se deitarem juntas. Enquanto todas se acomodavam, observei os corpos passarem de tensos e controlados a relaxados e abertos. Durante 35 minutos, todo o espaço foi mantido em um estado de repouso fluido e livre. Lá dentro, o ar parecia repleto de esperança e plenitude. O silêncio recebeu a reverência que merece quando a respiração de todas começou a se sincronizar e a conduzir cada uma a um sono concentrado e profundo. Caminhei devagar pela sala com um incenso de lavanda na mão. O rastro de fumaça subiu graciosamente atrás de mim enquanto eu observava em silêncio o que significa transgredir e resistir. O poder de cinquenta mulheres negras desacelerando por uma hora no meio do dia para apenas existirem sem demandas de trabalho, celulares ou preocupações. Um espaço tranquilo para estar. Durante a Conversa do Cochilo, uma participante compartilhou o sonho que acabara de ter com sua avó, que havia falecido recentemente. Elas passaram um momento juntas durante aquele cochilo. Ela ficou visivelmente emocionada com a visita e a considerou curativa e reconfortante.

Em cada experiência de cochilo, eu enxergo o apelo do Ministério do Cochilo como um convite aberto ao descanso. Pouco antes de um indivíduo entrar em estado de sonho, entre o mundo dos despertos e o mundo dos que dormem, eu inicio, aos poucos e bem baixinho, a frase de abertura: "As portas do templo do cochilo estão abertas". Continuo entoando cuidadosamente cada estrofe, enquanto essa chamada de descanso os conduz ao portal do descanso. No meio do manifesto, há uma seção de agradecimento. Lentamente e de maneira intencional, eu falo sobre os corpos deitados no chão: "Obrigada por viverem. Obrigada por descansarem. Obrigada por resistirem". Quando termino, metade das pessoas geralmente já está em estado de repouso, e a outra metade está quase lá. Durante quarenta minutos a trilha sonora permanece, e esperamos que o espírito do descanso se manifeste. Sempre acontece. O descanso nunca nos desapontou. Sonhar nunca vai nos desapontar.

No início, eu não tinha certeza se as pessoas conseguiriam tirar um cochilo dentro de um espaço, no meio do dia, com estranhos, enquanto uma mulher que eles não conhecem, que se autodenomina Bispa do Cochilo, oferece travesseiro e cobertor. Deixariam a bolsa e o celular, tirariam os sapatos e se aconchegariam debaixo de um cobertor recém-lavado e um travesseiro combinando em uma sala cheia de desconhecidos? Sentiriam-se confortáveis? Qual seria a intensidade desse sono? Como reagiriam na hora de acordar? Parece muito improvável e irreal, e é por isso que funciona e chegou aos corações de tantas pessoas em todo o país e no mundo. O Ministério do Cochilo sempre foi a experiência pessoal de uma artista negra exausta e curiosa. Eu estava ciente do que o descanso tinha feito por mim, mas vê-lo se transformar em um momento de cura coletiva foi uma bênção completa.

Muitas de nossas primeiras experiências foram realizadas no Yellow Mat Yoga and Wellness, em Atlanta, Geórgia, um dos poucos espaços de ioga pertencentes a negros na cidade. Vários momentos mágicos e poderosos aconteceram lá: uma pessoa me disse que, enquanto dormia, sentiu o chão se mover e que alguém a envolvia em um cobertor. Parecia tão real que, ao acordar, ela me perguntou se tinha sido eu. Respondi que não, porque nunca toco em ninguém sem consentimento durante o sono. Eu simplesmente sento, caminho ao redor, observo e deixo o espaço se transformar. Me posiciono de maneira receptiva e protetora, e faço silêncio. Ela ficou chocada ao perceber que seu sonho parecia tão real que a fez acreditar que eu a tinha coberto. Durante a Conversa do Cochilo, uma mulher começou a chorar alto. Perguntei se ela queria compartilhar a origem da emoção, e ela confessou que nunca ninguém lhe disse "obrigada por viver". Ela disse que fazia semanas que estava deprimida e se sentindo sem valor. Ao poder sentir gratidão pela própria vida através das palavras de um poema e de um sonho enquanto dormia, ela despertou em paz e em um momento de leveza.

Eu acordo as pessoas com delicadeza, ajustando a luz ou tocando uma música, começando com o volume baixo e aumentando aos poucos. Dá tempo para as pessoas saírem do estado de descanso com tranquilidade. Sem pressa. Sem urgência. As Experiências de Cochilo Coletivo dão origem a momentos para as pessoas apenas existirem, receberem cuidados, vivenciarem o lazer, sonharem acordadas, sonharem dormindo, não trabalharem, não terem pressa e serem apreciadas simplesmente por existirem e não pelo que fazem. À medida que a música começa, os olhos começam a se abrir, os membros começam a se esticar, e os cobertores começam a se mover. Esse é um momento de incorporação, em que conexões podem ser criadas. Nós nos conectamos com as partes mais profundas de nós mesmos quando estamos descansados. Também é um momento de intimidade e vulnerabilidade. À medida que nos preparamos para lidar com as dificuldades da vida cotidiana, o descanso se torna um espaço de tranquilidade física e espiritual. Um antídoto para a raiva oculta, mas presente, em um corpo exausto. O descanso é um protesto. O descanso é uma bela interrupção em um mundo sem botão de pausa.

Avançamos em direção à libertação através dos sonhos porque é uma interferência direta na realidade coletiva da vida no capitalismo. A cultura da produtividade é violência. É preciso sempre afirmar essas palavras, e devemos repeti-las continuamente para nós mesmos à medida que nos aprofundamos nesta verdade. Você lerá isso neste manifesto. A cultura da produtividade é violência, e a violência gera trauma. Nós fomos profundamente traumatizados. Nossa divindade como seres humanos foi ignorada e degradada. Milhares de pessoas acessam nossas caixas de entrada nas redes sociais todos os meses e corajosamente compartilham a profunda culpa e vergonha que sentem por descansar. "Sinto que deveria estar fazendo alguma coisa", "Me sinto inútil quando não estou riscando as coisas da minha lista de tarefas", "Sinto que sou preguiçoso e desprezível se tenho um dia de lazer". Ficam presos na culpa e na vergonha, incapazes de aceitar o presente concedido quando podemos apenas existir. É aqui que começa o sonho. Você está ativando todo o poder que foi esquecido. Está trilhando um novo caminho.

Não existem diretrizes rígidas sobre como começar a aceitar a beleza de sonhar. A beleza desse trabalho está na flexibilidade intrínseca e no apelo à experimentação. É uma profunda confiança que você deve conceder a si mesmo. É um salto. Uma prática de confiança. Uma conexão divina. A experimentação começou a tomar forma com meu corpo exausto lendo o livro *Slave Testimony: Two Centuries of Letters, Speeches, Interviews, and Autobiographies* para uma aula de Trauma Cultural na pós-graduação. Tenho o livro há quase vinte anos, e ele está na minha estante como um lembrete da história. Eu o pego com frequência e sempre leio partes dele. Sempre fico abalada com o relato em primeira pessoa dos escravizados. É um vislumbre do mundo deles. É uma janela, um documento das micro-histórias de suas vidas. Com 750 páginas, não é um livro para ler de uma só vez, e sim um guia de referência e um arquivo. O livro é "a primeira tentativa sistemática de compilar em um volume vários tipos diferentes de fontes da escravidão. Inclui onze cartas escritas por escravizados entre 1736 e 1864, oito discursos, 129 entrevistas realizadas por jornalistas, acadêmicos e funcionários do governo entre 1827 e 1938 e treze autobiografias publicadas em periódicos e livros raros entre 1828 e 1878".[4] O Ministério do Cochilo não existiria sem minha relação com esse livro. Muitas noites, eu ficava deitada no sofá lendo e adormecia com ele no peito. Eu ficava hipnotizada e era tranquilizada por essas vozes. Passei horas com post-its coloridos marcando páginas em categorias de território, vida profissional, religião, dor e família. Buscava obter uma visão mais profunda de como eram suas vidas, na esperança de me agarrar a uma palavra ou frase que daria outro significado à história. Eu queria muito me comunicar e, conforme minha curiosidade crescia, ela se transformou em raiva à medida que me tornava obcecada com os detalhes dos relatos da vida profissional daquelas pessoas. Enquanto eu dormia e cochilava diariamente, às vezes desabando após uma jornada de quinze horas de trabalho, aulas, estágio e estudo, comecei a sonhar com meus antepassados e com o que acontecia com seus corpos. A experimentação de descanso começou nesse lugar.

Lembro-me de um dia, em 2013, quando eu estava no primeiro ano da pós-graduação. Eu estava em um constante estado de exaustão e agitação. Posso pensar agora e nomear a profunda sensação de desconexão que estava vivendo. Parecia normal estar exausta, cansada, com quinze horas diárias de estudo, aulas, trabalho e maternidade. Minha vida era assim, simplesmente. Eu tinha aceitado que não havia tempo para um momento de descanso. Quando finalmente apaguei à noite, nem lembro se meu descanso foi satisfatório e definitivamente não me lembro de nenhum sonho. Olhei o calendário no primeiro dia de aula enquanto escrevia à mão minha programação diária em um planner:

> 5h30 — Acordar para estudar um pouco e preparar o café da manhã para o meu filho.
>
> 6h30 — Acordar meu filho para que ele se vista e chegue ao ponto de ônibus às 7h30. (Por que as crianças vão para a escola tão cedo? Mais evidências de que a cultura da produtividade tem sua matriz nas escolas públicas.)
>
> 7h30 — Caminhar até o ponto para pegar o ônibus até a estação de trem, a três quilômetros da minha casa. (Às vezes eu caminhava.)
>
> 8h — Pegar o trem por 35 minutos até a primeira parada.

8h40 — Pegar o ônibus direto para o campus.
9h — Chegar à universidade para a primeira aula.
10h — Começar a segunda aula.
11h a 12h30 — Estudar.
12h30 — Almoço.
14h — Começar a terceira aula.
15h — Estágio na biblioteca de arquivos.
18h — Tempo para estudar e escrever na biblioteca.
21h — Começar a viagem de volta para casa.
21h30 a 23h30 — O transporte público consiste em três ônibus e um trem. Depois que o horário de pico termina, por volta das 20h, o sistema de transporte em Atlanta diminui a frequência da frota, por isso a viagem leva mais tempo.
Meia-noite — Chegar em casa, tomar banho, fazer um lanche, ir para a cama, recomeçar.
Fazer tudo de novo amanhã.

Olho para esse planner agora e não consigo acreditar que vivi assim por tanto tempo sem ter um colapso físico ou mental. Esse era um dia normal na minha rotina e, na maioria das vezes, eu ficava ainda mais ocupada, cumprindo estágio obrigatório aos sábados e domingos.

Eu denomino a academia um dos principais locais da cultura da produtividade excessiva. É o grande pilar da exaustão no trabalho, da competição, das expectativas e da falta de equilíbrio. Durante a época de provas finais, observei as pessoas que viviam na biblioteca e nunca saíam, levando sacos de dormir para deixar embaixo das mesas e entre as estantes, e nesse período eu mesma passei inúmeras noites na biblioteca para sessões de estudo em grupo. O estresse, a ansiedade, o currículo extenso e a pressão que normalizamos nas escolas públicas e no ensino superior são tóxicos e perigosos para todos os envolvidos, mas sobretudo para as crianças e os jovens adultos que ainda estão desenvolvendo a identidade. Eles são expostos à mentira de que seu valor é determinado pelo quanto conseguem realizar, e isso é reafirmado e recompensado quando eles levam seus corpos ao limite para ter um bom desempenho nas aulas. Muitos também começam a mergulhar no perfeccionismo, que é uma função da supremacia branca. Nós internalizamos as mensagens tóxicas da cultura e começamos a nos odiar quando não cumprimos alguma tarefa. Buscamos validação externa de um sistema violento e vazio de amor. Sonhar e criar o espaço para sonhar é o remédio e a cura.

A energia do amor é fundamental para o cuidado coletivo. Sonhar se torna a receita e o bálsamo necessários para sustentar essa resistência ao repouso no longo prazo. Amar a nós mesmos e uns aos outros reforça a ruptura dos sistemas dominantes. Eles querem que nos sintamos mal, com medo, exaustos e sem amor-próprio porque é mais fácil manipular alguém que está distraído com o que não é real ou verdadeiro.

Para reforçar a realidade de como estamos profundamente distraídos e desconectados das verdades ancestrais do descanso, criamos a Escola de Repouso da Ressurreição em janeiro de 2020 como um tributo às Escolas da Liberdade da década de 1960. A escola é um espaço alternativo e temporário de estudo profundo, cuidado comunitário e compromisso com a educação como caminho para a liberdade. Com isso em mente, a nossa Escola de Repouso da Ressurreição foi criada para elevar a necessidade de uma educação direcionada em torno dos princípios da estrutura Descansar É Resistir. Foi criada para aprofundar na prática o motivo pelo qual o sonho coletivo é necessário. É uma reação à exposição superficial e rapidamente consumida nas redes sociais, que muitos acreditam ser suficiente para se educarem e se libertarem do capitalismo. Na Escola do Descanso, nós estudamos, analisamos e discutimos textos juntos. Ao redor de uma mesa com marca-textos e canetas, sonhamos novas ideias e nos fundamentamos no tempo comunitário para apenas existirmos. Distribuímos cópias do texto para todos ao redor da mesa participarem e analisarem. Temos chás de ervas, lanches saudáveis, confraternização, e tudo termina com um cochilo coletivo. A Escola de Repouso da Ressurreição difere um pouco das Experiências de Cochilo Coletivo porque se concentra no estudo intensivo e abre espaço para testarmos nossos aprendizados e questionarmos. A escola busca aprofundar as teorias que sustentam este trabalho. Para mudar a cultura e transformar verdadeiramente, serão necessários estudo e um esforço consistente originado na visita frequente a um Espaço do Sonho. É um processo de aprender e desaprender. É um processo de amor. O texto "Amor como prática da liberdade", de bell hooks, foi designado como primeira experiência de estudo. Recomendo a todos que o leiam e meditem sobre como ela nos incentiva a pensar de novas maneiras em relação ao verdadeiro poder do amor no trabalho em prol da justiça. Ela escreve: "Sem amor, nossos esforços para libertar a nós mesmos e a nossa comunidade mundial da opressão e da exploração estão condenados. Enquanto nos recusarmos a abordar plenamente o lugar do amor nas lutas pela libertação, não seremos capazes de criar uma cultura de conversão na qual uma multidão de pessoas se afaste de uma ética de dominação".[5]

 Sonhar, descansar, afastar-se da toxicidade da cultura da produtividade são atos radicais de amor-próprio e amor pela nossa sociedade. Costumo dizer que os cochilos não vão salvá-lo se você ainda cultivar o racismo, a supremacia branca, o capacitismo e o patriarcado. Todas essas coisas são o oposto de amor e cuidado. Não podemos continuar tentando inventar novas formas de existir enquanto ainda apoiamos sistemas de dominação. Não podemos simplesmente falar sobre as esperanças de um mundo centrado na justiça enquanto exaurimos a nós mesmos e uns aos outros e permanecemos fiéis à cultura da produtividade. Nosso sonho deve se fundamentar no amor, no cuidado coletivo e na coragem de descobrir aquilo que a formação da supremacia branca e do capitalismo nos ensinou sobre quem nós somos e o que pertence a nós simplesmente porque estamos vivos. Até que possamos compreender a verdade do sonho como um caminho para a resistência, permaneceremos presos em um espaço de pensamento superficial e egocêntrico. Precisamos sonhar para nos libertar.

Quero reler as palavras de bell hooks repetidas vezes e deixá-las penetrar nas profundezas do meu coração. A contundente revelação sobre nossa motivação para agir contra a dominação e a injustiça apenas quando somos afetados diretamente e sentimos dor me abalou muito e confirmou que o individualismo é um caminho para a morte e a destruição. Esta ética do amor é a base de todos os movimentos dedicados à mudança social. O amor é o caminho. Acredito que o descanso também é o caminho. O cuidado coletivo e os anseios menos egocêntricos reforçarão a ideia de descanso como resistência, para que continue a ser uma prática espiritual e política.

O descanso é um trabalho somático — conecta corpo e mente. É qualquer coisa que faça você desacelerar o suficiente para se conectar com seu corpo e sua mente. É um princípio que consolida o corpo como espaço de libertação.

O descanso ativo também é valioso. Nele seu corpo pode se mover, nadar, caminhar, dançar e adentrar um portal. Desde o início dos meus pensamentos sobre o que o descanso é e pode ser, tenho repetido constantemente: "É mais do que tirar cochilos". É um trabalho de decolonização e mudança de cultura. Estamos falando de cochilar de verdade: deitar o corpo cansado em uma superfície, fechar os olhos e dormir por menos tempo do que um ciclo completo de sono. Mas também estamos falando do mistério daquilo que não é visto a olho nu e, em vez disso, é sentido de maneira energética e espiritual. Você deve experimentar o descanso. A ação é o descanso. Você precisa descansar para acreditar nesta mensagem. Você não pode pular etapas e apressar o sonho que será necessário para se libertar da cultura da produtividade. É por isso que reverencio o descanso como prática de libertação. Descansar vai direto ao centro do problema.

Quando você está exausto, não consegue pensar com clareza, e falta capacidade de enxergar com profundidade. Sua intuição e imaginação são sufocadas por uma cultura de excesso e desconexão. Para se aprofundar, examinar e compreender, você deve estar aberto. Pode levar anos até que consiga se abrir totalmente, e passará a vida inteira praticando, cuidando e exercendo a criatividade. É sua vida, seu corpo e sua comunidade; portanto, é você que deve abraçar, proteger, amar e cuidar. A exaustão não nos salvará, apenas nos levará ainda mais às garras da cultura da produtividade excessiva. O descanso é transformador e quer segurar nossas mãos enquanto damos início a um mundo bem descansado. É mais do que um cochilo. É uma reação total e uma declaração política contra os sistemas que querem nos ver sempre em movimento, produzindo, imersos no caos. Quando aproveitamos o poder do nosso corpo, compreendemos que ele é um milagre, um legado e um espaço de extremo poder. A base para o amor e a recuperação.

Sei que muitas pessoas não compreenderam a nossa mensagem de descanso. Estou aprendendo ao observar os padrões em nossas redes sociais ao longo dos anos. Muitos ignoraram propositalmente a justiça social e o contexto político da nossa mensagem. Pode ser mais fácil acreditar que descansar é apenas ir para a cama quando estiver cansado, em vez de iniciar o processo confuso de desconstruir suas próprias crenças e comportamentos alinhados com a supremacia branca e o capitalismo. Você deve se comprometer a investigar como foi tolhido e limitado pelos ensinamentos abusivos da cultura da produtividade. É um trabalho de cura. É um trabalho em prol da justiça. Quando estamos alinhados contra as ideias da cultura da produtividade, compreendemos que não viemos à Terra para sermos uma ferramenta do sistema capitalista. Não é nosso propósito divino. Você não nasceu apenas para dedicar toda a sua existência ao trabalho e aos afazeres. Você nasceu para curar, crescer, servir a si mesmo e à comunidade, para praticar, experimentar, criar, ter tempo, sonhar e se conectar.

Nosso descanso é um documento vivo e um trabalho que será interminável e fortalecido pelo nosso tempo de sonho. É uma prática incorporada em nós e assim deve permanecer. Que a mensagem nunca seja sequestrada por ninguém que tente apagar suas origens espirituais, políticas e de justiça. Que as palavras nos escapem para que possamos obter a linguagem no nosso Espaço do Sonho. Nós perdemos o rumo e buscamos uma reorientação que defenda o descanso e o cuidado. Que nosso corpo seja seu próprio dispositivo de GPS, que nos leve a um estado natural. Um estado de descanso e conexão. Um estado de amor, sonho e responsabilidade. Um estado de admiração e curiosidade pelo que está disponível para nós do outro lado da exaustão. É importante compreendermos que ter diferentes perspectivas é libertador, é ter liberdade. Não existe uma cura-padrão. Todas trazem consigo uma origem, um histórico e identidades que estão interligadas. Há espaço para descansar na liberdade de gerenciar sua própria jornada de desprogramação. Nunca dizemos "ou", e sempre "ambos/e". Você não precisa se matar de trabalhar, aceitar o burnout como algo normal e estar em constante estado de exaustão e privação de sono. Você não precisa se matar espiritual ou fisicamente para viver uma vida próspera. Este trabalho de conexão tem o objetivo de restaurar, lembrar, reimaginar, recuperar, reparar e buscar a redenção. Aprender a encontrar uma saída do nada e ver o outro lado do trauma. É acreditar que você merece descansar porque está vivo. Nosso corpo e alma desejam estar bem, curar-se, descansar e se libertar do controle que a produtividade tóxica exerce sobre nossa vida. Nós merecemos descanso, cuidado e espaço agora. Merecemos viver agora em um lugar que respeite nosso corpo pelo que ele é: uma morada divina. O capitalismo quer que você seja uma máquina. Você não é uma máquina. Você é um ser humano divino. Podemos entrar em um estado de descanso e cuidado em nossos momentos de silêncio. Podemos evocar o poder da língua como mais uma ferramenta do nosso kit de protesto.

Mais amor.
Mais cuidado.
Mais terapia.
Mais sonhos.
Mais devaneios.

Mais Espaço do Sonho.
Mais meditação.
Mais amor.
Mais ligações para perguntar: "Como você está?".
Mais cartas de amor.
Mais histórias para dormir.
Mais força para amar.
Mais cochilos.
Mais descanso.
Mais sono.
Mais cuidado.
Conduza-nos a um transe de sonho.

A serenidade está disponível para nós. O cuidado está disponível para nós. O descanso está disponível para nós. A intimidade está disponível para nós. A comunidade está disponível para nós. O sono está disponível para nós. A justiça está disponível para nós. O prazer está disponível para nós. Eu me considero uma artista de fuga, uma ode àqueles que me antecederam e que encontraram uma maneira de subverter sistemas para conquistar autonomia, gestão de si mesmos e justiça. Eu enxergo minha imaginação e a criação do Ministério do Cochilo como minha fuga definitiva. O trabalho deste Ministério é uma mistura perfeita dos meus trinta anos como poeta, artista, ativista, acadêmica, pesquisadora, sonhadora e relatora da verdade. Ser uma artista de fuga é lembrar e fazer uma reverência aos meus ancestrais que flutuaram pelos caminhos que criaram na Ferrovia Subterrânea, durante o terror de Jim Crow e da Grande Migração, sempre reivindicando a sobrevivência e a liberdade como objetivo. Quero flutuar para descansar. Não quero um lugar à mesa do opressor. Quero um cobertor e um travesseiro à beira-mar. Quero descansar. Sonho com um mundo bem descansado, fora dos sistemas tóxicos em vigor. Sou muito grata a eles por oferecerem seus corpos no altar de descanso em tempos de turbulência e de alegria.

Este livro não oferece uma lista, um passo a passo para você encontrar descanso em um sistema capitalista. Em nossa cultura, já nos entregamos à perspectiva binária e rígida que não é nem expansiva nem imaginativa. Fizemos isso e fomos enganados e manipulados pela cultura da produtividade para falsamente vivermos em uma linha do tempo sempre voltada para a produção. Não precisamos mais do mesmo pensamento restrito e limitado. É hora de explorar nossa imaginação. É hora de nos aprofundarmos em quem somos como humanos para podermos dar sentido a nosso mundo. O capitalismo é novo, e nosso corpo é antigo. A cultura da produtividade criou um monte de pessoas exaustas, desconectadas e traumatizadas que passam pela vida incapazes de explorar seu verdadeiro poder. Precisamos que o descanso nos conecte novamente a nós mesmos e assim possamos sonhar. Nós vamos descansar!

PARTE 3
RESISTA!

Quando o corpo humano é o lócus da dominação, também pode ser o foco da resistência.

Dra. Carol Newsom, Palestra sobre
Imaginação Apocalíptica, Universidade Emory, 2016

Só quando as pessoas vivem em um ambiente em que não são obrigadas a exercer um esforço supremo apenas para se manterem vivas é que parecem ser capazes de escolher caminhos além daqueles de mera sobrevivência física.

Howard Thurman

Inspiração: Maroons norte-americanos, Somática, Terceiros Lugares

POR QUE NÓS RESISTIMOS

A resistência é fundamental para a mensagem de descanso e para a nossa vida em geral. Falo com frequência sobre as formas como a lavagem cerebral e a socialização na cultura da produtividade começam quando nascemos e às vezes até antes, no caso do nascimento do meu filho. Estamos sempre resistindo de formas despercebidas e notórias. É muito provável que a nossa alma já esteja resistindo às formas como a cultura da produtividade nos explora e nos domina, ao mesmo tempo que degrada a nossa divindade. Acredito que resistimos porque nossa alma está nos chamando para ter outras perspectivas. Nossa alma é nosso cerne. É uma força silenciosa, invisível e nítida, necessária para viver. Nossa alma conhece o caminho, assim como o descanso. Portanto, quando não cuidamos da nossa alma ou até mesmo quando não reconhecemos que temos alma, não podemos dispor do conhecimento interior com o qual nascemos. O descanso é um cuidado com a alma porque, a partir dele, deliberadamente prestamos muita atenção às nossas partes mais profundas. Através do descanso, o cuidado da alma se torna o cerne do nosso bem-estar e libertação. Nenhum de nós se libertará sem resistir aos sistemas tóxicos que nos cegam para a verdade sobre quem e o que nós somos. Deveríamos ter curiosidade sobre a nossa alma e sobre as maneiras como o descanso pode confortar, curar e descobrir o que a cultura da produtividade nunca nos permitiu sentir. Nosso corpo tem informações para compartilhar conosco. Nossa alma é fundamental para nós e para nossa jornada de resistência rumo ao descanso. A alma, embora seja fundamental para a forma como vivemos a vida, também tem sido um mistério para teólogos e líderes religiosos ao longo da história. Muitos afirmam que ela é o âmago de quem somos e a parte mais bela e poderosa do corpo. O que a sua alma está dizendo? Sua alma já resiste ao terror da cultura da produtividade, de maneira silenciosa e inconsciente? A ideia de descanso como forma de resistência é interessante para você porque o toca de um modo que está além da compreensão? Você já observou o ritmo da sua vida em algum momento, e ele não pareceu verdadeiro para a sua alma? Acredito que nossa alma está nos dizendo que não descansar é um absurdo e que, sem o cuidado que o descanso proporciona, ela morre. É por isso que resistimos, no âmbito exterior e interior. É por isso que devemos resistir e ouvir o som fraco da nossa alma nos guiando para vermos nosso mundo mais descansado e mais humano.

Detetive da minha própria alma
Amante do desconhecido
Aquela que acredita em fantasmas
Não acho que sejam assustadores
Sempre resistindo, pois nossa alma é profunda
O véu é tênue

O descanso, um devastador de véus
Peço à minha alma:
"Permita-me ver o que está acontecendo de verdade.
Dê-me um terceiro olho. Um olho no coração".
Sempre há mais detalhes na história
Sempre há mais detalhes na mentira
Dependendo de quem conta
Me preocupo com a dura realidade
Nossa orientação brutal para o esquecimento:
"Nascemos para descansar. Nascemos para resistir".
As histórias desconhecidas
As peças deixadas de fora
O cuidado das almas
Reivindicando nosso divino direito ao descanso

A parte de resistência do nosso projeto Descansar É Resistir é o que conduz este trabalho em direção a um movimento em prol da justiça política e social. Ela está presente na longa tradição de libertação negra de uma política de recusa, quilombismo e conexão de marginalizados. Quando penso em resistência, imagino todas as maneiras, pequenas e grandes, pelas quais meus ancestrais e minha família mudaram e reinventaram suas vidas em um mundo tóxico e avesso à negritude. A forma como se empenharam para criar espaços de alegria e liberdade. Foram sagazes usando a inteligência, o intelecto e a criatividade para encontrar uma saída quando não tinham nada. Abriram um caminho que não tinha e ainda não tem interesse nas rotas deste mundo, então a invenção de um novo trajeto se tornou um ritual diário.

Como eu disse, a intenção é mais do que tirar um cochilo. Trata-se de uma jornada profunda em direção à decolonização e ao retorno a nosso estado natural antes de sermos expostos ao terror e às mentiras. Resistir significa se abrandar na poderosa proposta de prosperar neste momento. Significa não esperar a permissão de uma cultura tóxica, que gera obstáculos para a justiça e vem de um lugar espiritualmente deficiente. Sempre cultivei a ideia de descanso como resistência, mas me aprofundo nela à medida que ouço minha alma, enquanto sonho profundamente com a Ferrovia Subterrânea e me inspiro nos maroons da América do Norte. Harriet Tubman é uma das muitas musas deste trabalho. Foi uma mulher escravizada que se dedicou à escolha entre liberdade ou morte. Tinha o conhecimento interior de que a vida estava além do trauma da escravidão. Ela criou um espaço para ouvir, traçar estratégias e orar enquanto guiava as pessoas na Ferrovia Subterrânea. Ela parava para ouvir a natureza, para acompanhar os sons das corujas, e estava profundamente sintonizada com as estrelas e com o mundo espiritual. Gosto de pensar que ela nunca foi capturada pela polícia durante sua jornada pela liberdade porque fazia pausas, ouvia e orava. Sua subversiva e profunda recusa de estar em cativeiro é a energia que me sustenta. Essa energia de recusa e aquilombamento fundamenta minha experimentação pessoal com o descanso como resistência e é o caminho para este Ministério. A resistência é uma postura abundante e espiritual. Traz a possibilidade de reinvenção e conexão. Ao saber que somos divinos e bem cuidados, podemos recusar as mentiras de qualquer sistema opressivo. Podemos declarar aos sistemas: "Não, vocês não podem me possuir. Meu corpo pertence a mim. Jamais o doarei para a cultura da produtividade. Eu vou descansar". Essa é uma declaração política ousada contra um sistema que há séculos usa os corpos como ferramenta de opressão. Nosso foco é deitar porque é nosso direito divino, não porque isso vai preparar nosso corpo para ser mais produtivo. Nosso movimento de descanso não está preocupado com a produtividade. Na realidade, é um movimento político e de justiça social com origem no nosso descanso coletivo. Devemos resistir juntos. Devemos nos libertar juntos. Devemos descansar juntos.

Enfrentamos estes sistemas violentos em nossa tentativa de transgredir e resistir: a supremacia branca, o capitalismo, o capacitismo, o patriarcado, o classismo, o racismo, a homofobia. Qualquer sistema que destrói e ignora nosso direito divino de ter cuidado, lazer e espaço deve ser investigado e exposto. Acabou o tempo de qualquer projeto superficial de bem-estar que não inclua o desmantelamento dos sistemas que estão nos deixando mal. Devemos culpar e interrogar os sistemas. Eles são o problema.

Uma história que não é muito conhecida na nossa cultura é a dos maroons norte-americanos. Essa história tem sido fundamental para minha compreensão da resistência quando começo a ligar os pontos entre descanso e libertação. Os maroons foram pessoas negras que passaram pelo terror da escravidão e se recusaram a fazer parte dela. Durante quase dois séculos, saltaram de navios negreiros quando chegavam ao litoral da América do Norte para nunca mais serem vistos. Eles se organizaram e abandonaram plantações para habitarem as cavernas e matas densas do sul do país, criaram as próprias comunidades fora da escravidão, e não eram fugitivos. Na realidade, viviam em um Terceiro Espaço, um lugar temporário de alegria e liberdade. Eles libertaram a si próprios e uns aos outros em comunidade. Existiam em dois mundos. Habitavam o mundo da escravidão, mas não pertenciam a ele. Eles reivindicaram autonomia e soberania, enquanto o sistema violento de trabalho escravocrata se alastrava ao seu redor. Eles disseram aos sistemas: "Não, vocês não podem me possuir. Eu não pertenço a vocês", e incorporaram intensamente esse chamado. Aprendi sobre os maroons pela primeira vez em 2014, em uma semana de treinamento em New Orleans para organizadores com foco na libertação das terras negras. Não ignoremos o fato de que eu estava na casa dos quarenta anos, tinha pesquisado a história norte-americana ao longo da vida e frequentava uma pós-graduação com foco na libertação negra sem ter ouvido falar dessa poderosa história antes do treinamento. Muitas histórias foram escondidas, apagadas e perdidas. Os norte-americanos sabem pouquíssimo sobre a própria história, e menos ainda sobre a história mundial. Estamos avançando pela vida exaustos, desconectados e sem contato com quem somos, com o lugar de onde viemos e sem saber quais as implicações disso no presente. Conhecer a fundo os detalhes extremos da história tem o potencial de abrir um grande poço de possibilidades, motivação, projetos, orientação e inspiração.

Quando digo que acessei a ideia de reimaginar o descanso em um sistema capitalista, é porque me inspiro no poder dos maroons. Se houvesse leitura obrigatória para este Ministério, eu diria facilmente que é o livro *Slavery's Exiles: The Story of the American Maroons* [Exilados da escravidão: A história dos maroons norte-americanos], de Sylviane A. Diouf. A obra é um recurso intensivo para as formas de resistência. É incrível a forma como os maroons se organizaram para sobreviver e prosperar. A maneira como criaram um mundo inteiro dentro de um cenário opressivo para testar sua liberdade e recuperar a autonomia me faz pensar em formas espirituais e metafísicas que devemos reimaginar e mudar na nossa jornada para o descanso intencional.

Levei meses para começar a entender o que os maroons criaram e elaboraram. Eles não eram fugitivos. Simplesmente nunca aceitaram o papel da escravidão e nunca permitiram que a fazenda escravocrata fosse seu lar. Isso tem uma relação direta com a maneira como comecei a me enxergar, à medida que me desvencilhei continuamente da cultura de produtividade. Se quisermos encontrar descanso neste momento, enquanto o capitalismo avança como uma força global, teremos que nos enxergar a partir de uma perspectiva diferente. As coisas serão diferentes. Devemos agir de forma diferente. Faremos escolhas diferentes. Teremos a oportunidade de resistir de modo diferente e de imaginar formas alternativas de descanso. Devemos criar espaço para que outros possam descansar, sempre comprometidos com o que é verdadeiro. Apesar do terror da cultura da produtividade, nós descansamos. Nós nos deitamos, organizamos e criamos momentos de descanso sempre que podemos. Devemos continuar empenhados em reivindicar o direito divino de descansar e participar nos cuidados comunitários.

Devemos nos desconectar espiritualmente das farsas da cultura da produtividade enquanto ainda vivemos fisicamente nela. Uma recusa metafísica e espiritual deve ser desenvolvida a fundo. Durante nosso tempo de existência na Terra, o capitalismo pode nunca acabar, e esse período da nossa vida não poderá ser recuperado, por isso é preciso começar a recuperar seu corpo e seu tempo de formas que parecem impossíveis de imaginar. Nós devemos imaginá-las. A hora de descansar e resistir é agora. Não podemos esperar que os poderes constituídos criem espaço para termos momentos de profundo descanso e cuidado. Se nós esperarmos, ficaremos para sempre aprisionados no trabalho excessivo do cotidiano. Para resistir agora, teremos que decidir sobre o descanso como um modo de vida reimaginado. Assim como os maroons no sul dos Estados Unidos, minha prática de descanso começa com os dons mentais, emocionais e espirituais que descobri terem sido roubados de mim pela cultura da produtividade. Aproximei-me cada vez mais do esgotamento e, à medida que minha exaustão aumentava, meu espírito começou a sussurrar: "Chega. Você precisa desacelerar. Descanse um pouco". Eu o escutei.

Quero recomendar que, em seu processo de desprogramação, você comece, aos poucos, a abrir espaço para resistir às mentiras da cultura dominante. Este é um lugar sagrado. É um espaço criativo, inventivo, inovador, expansivo e transformador. Muita coisa é possível aqui. Em vez de temer o desconhecido do que acontece após a desaceleração, comece a vê-la como um lugar sagrado que está pronto para abrigar e abrir espaço para seus dons e talentos intrínsecos. A cultura da produtividade suscitou o medo como nossa única bússola e nos mantém inertes de uma forma que agora é um hábito. Para iniciar e manter o processo de descanso nesta cultura tóxica e urgente, a imaginação deve ser nossa única bússola. É o que vai sustentar você no processo de amar a si mesmo por meio do descanso. Imagine uma vida fora da cultura da produtividade agora. Você pode imaginar porque tem mais poder do que acredita. Somos mais poderosos do que acreditamos. Que libertação você pode criar fora da cultura da produtividade? Que informações você pode obter e oferecer a si mesmo e aos outros para encontrar descanso? Você está pronto para começar devagar, imaginando como seria ter tudo de que precisa? Está curioso o bastante para tentar descansar?

Minha prática de descanso começou com cochilos de quinze minutos no campus da universidade e assim que voltava para casa. Eu também descansava quando tentava estudar. Implementava momentos de contemplação entre as aulas, nos quais eu me sentava do lado de fora e olhava para o céu. Era transformador estar na natureza, respirando com calma, ao mesmo tempo que, às vezes, passava o dia tendo dormido quatro horas na noite anterior. Quando não podia sair, eu olhava pelas janelas e observava as folhas da minha árvore favorita balançando ao vento. Quando não havia janela disponível, eu praticava técnicas que aprendi no balé, treinamentos somáticos e exercícios respiratórios das oficinas de parto. Todas as três práticas envolvem foco extremo, respiração intencional e coordenação.

Um aluno do último ano que foi meu mentor compartilhou esta reflexão: eu teria muita dificuldade em um programa de teologia se não encontrasse maneiras de sair da minha cabeça para entrar no meu corpo.

Como artista, isso também é fundamental para meu êxito. Na pós, fiz aulas de dança e exercícios somáticos para equilibrar todo o trabalho pesado de estudo e leitura sete dias por semana. Descobri que, como estudante de pós-graduação na faculdade de teologia, eu poderia me inscrever em aulas de qualquer uma das outras unidades, então corri até o departamento de dança e teatro e comecei a fazer aulas de balé com os alunos da graduação em dança. Essa experiência aumentou minha compreensão do que o corpo pode comportar e do que é capaz. Dançar na barra, três dias por semana, enquanto um pianista tocava ao vivo, me transformou e ofereceu um consolo tranquilo que parecia uma âncora em uma tempestade violenta. Enquanto aprendíamos os fundamentos da postura do balé, desenvolvemos a técnica de marcar um ponto visual para completar um novo giro. Com a cabeça no lugar, eu escolhia um objeto visual na altura dos olhos na parede do estúdio. Na maioria das vezes, era um pequeno ponto preto, talvez uma mancha de tinta, que se destacava imediatamente. Semana após semana, voltava meus olhos para o ponto e direcionava meu foco para dentro. O ato de girar me acalmava imediatamente. Depois de um semestre dessa prática, meu corpo estava treinando para flutuar e girar. Foi um processo desafiador de escuta e entrega. "Você não pode completar o giro sem se aprofundar em si e conectar sua mente e seu corpo", dizia o instrutor de balé. Com os olhos colados na parede, começava a girar o corpo até que meus olhos atingissem uma rotação e fixação que faziam minha cabeça girar rapidamente, levando meu corpo junto, enquanto voltava ao mesmo ponto de partida. O giro é uma metáfora para uma prática de resistência do descanso. Para resistir às ideias da cultura da produtividade, devemos permanecer ligados ao silêncio e ao poder de um corpo descansado.

A fixação no objeto para facilitar o giro. A cabeça girando rápido para ultrapassar o corpo para então retornar. A conexão do cérebro com o interior e os pés para iniciar e terminar um giro me proporcionaram uma mecânica radical que usei para encontrar descanso. Me confortei ao perceber que um giro, um movimento e um salto estavam a meu alcance simplesmente ao me conectar e girar. A conexão com seu corpo é uma experiência espiritual. Nunca me senti tão próxima do Criador do que quando estou completamente perdida e me encontro no processo criativo de fazer arte com o corpo. Ser capaz de desafiar a gravidade e girar 360 graus sobre uma perna exige extremo foco, confiança e entrega. Saber que o descanso sempre é possível é revolucionário para minha alma. Também é necessário um nível profundo de entrega ao poder de nosso corpo e alma. Você confiará em si para girar para dentro em direção ao descanso?

Então, quando não conseguia encontrar o conforto de uma cama porque ainda tinha mais seis horas de trabalho pela frente em um dia que já havia começado cedo, eu me voltava para dentro, me fixava na respiração e imaginava meu corpo em repouso.

Desviar sua atenção para dentro e para longe daquilo que está causando o trauma, mesmo que por alguns minutos, de forma consistente ao longo do tempo, é um descanso libertador. É uma mudança de paradigma, uma colaboração entre seu corpo e sua mente, cujo ponto central é a reparação dos danos causados por trabalhar sem parar. A cultura da produtividade exige que ignoremos tudo cujo foco não seja o trabalho e a produção. Resistir, enquanto se vive neste sistema que opera em ritmo de máquina, será uma ação lenta e meticulosa.

A ilusão de viver dentro da cultura da produtividade dá lugar ao mito do controle. Muitos de nós estamos no modo automatizado, robótico, industrial, de maneira que não há espaço para a magia do mistério e do espírito se mover em sua vida. Ao ignorarmos o chamado do nosso corpo para desacelerar, desconsideramos a sabedoria intrínseca que nos é concedida por estarmos vivos. Podemos compreender as coisas. Acreditamos que não fomos enganados nem manipulados desde o nascimento nos métodos da supremacia branca e do capitalismo. Devemos ser gratos pelas provas dessa lavagem cerebral sistemática. Depois de enxergar isso, você não poderá deixar de perceber, e quero que veja com clareza e foco que todos vivemos em um lugar prejudicial para nossa condição física e mental. De alguma forma, todos nós temos fragmentos dessa doença dentro de nós. Fomos enganados. Por isso é tão importante criarmos sistemas de cuidados para ajudar as pessoas a transgredir e decolonizar a mente. Nada do modo como vivemos no capitalismo é normal. É bom que você sinta isso nas partes mais vastas do seu coração. Você tem valor. Os sistemas não têm valor. Quem era você antes do terror dos sistemas opressivos que o fizeram acreditar em mentiras sobre si mesmo e sobre os outros? O que lhe disseram sobre seu valor e sobre sua existência? Como você abre espaço para transcender os limites da cultura da produtividade? Como criamos espaço? Como formamos um lar? Como construímos o mundo em que queremos viver? Como podemos ser subversivos e flexíveis? Como criamos uma resistência que seja confortável como estar em casa?

A resistência é uma prática espiritual e um mapa prático. Ao avançarmos, aprendemos a construir um caminho. Nós resistimos ao criar facilidade e invenção. Resistimos reivindicando a autonomia e o lazer. Permanecemos flexíveis e prontos para mudar quando nosso corpo pede descanso. Minha maior sugestão de como resistir sempre remonta ao brilhantismo dos maroons da América do Norte. Vivendo e prosperando em dois mundos, eles construíram espaços seguros. Criaram um lugar alternativo de liberdade a quilômetros de distância das fazendas escravocratas e às vezes bem perto dali, dentro do mato, escondidos à vista de todos, ao mesmo tempo encobertos.

> Os maroons também viviam em cavernas. Eram um refúgio natural que oferecia mais espaço e melhor proteção do que as árvores, como descobriu Josh, do condado de Richmond, na Geórgia. Primeiro, ele tentou viver debaixo de um tronco

oco, mas, quando um urso teve a mesma ideia, ele precisou encontrar outras acomodações: grandes cavernas margeavam a fazenda de seu dono, e Josh se apropriou de uma. George Womble, de Valley, Geórgia, conhecia um casal que ficava em uma caverna perto da fazenda e criou seus filhos ali. Conseguiam se esconder tão bem e tiveram tanto sucesso em escapar que só reapareceram após a Guerra Civil.[1]

Como você pode resistir à constante força de atração da cultura da produtividade em sua vida diária? Você tem momentos de conexão com foco intenso, nos quais pode conectar seu corpo e sua mente? Você pode desacelerar mais? Pode fazer menos?

Como resistir aos sistemas violentos que estão incorporados em toda a nossa cultura? Como, de fato, podemos descansar? Fazemos isso por meio da reimaginação. Fazemos pouco a pouco, com uma fé radical e uma constante experimentação centrada na resistência.

Visto que, em nosso íntimo, estamos conscientes do motor que conduz um sistema capitalista, nossas forças orientadoras são a resistência, a imaginação, a reimaginação, a invenção, a flexibilidade e a subversão. Reimaginar o descanso pode ser muitas coisas. As possibilidades são incontáveis e infinitas. Descansar é se conectar e ouvir o que seu corpo e sua alma desejam. É um tempo a mais no banho, mesmo que sejam dez minutos extras em silêncio. Descansar é dar um passeio tranquilo e dançar. É uma rotina de chá, meditando enquanto respira a cada gole quente. Descansar é não responder a um e-mail imediatamente e manter limites saudáveis. É honrar os limites daqueles com quem você se relaciona. É rejeitar a urgência. Descansar é se desintoxicar das redes sociais. É ouvir e curar traumas individuais.

Descansar é ter um diário onde você possa testemunhar seu conhecimento interior sem a interferência dos outros. O descanso eleva e estimula nosso espírito; assim, conseguimos enxergar que somos suficientes e que o cuidado da nossa alma merece um espaço em nossos planos de cura.

Existe um espaço de sonho e imaginação acessível durante os cochilos. Quando não cochilamos, perdemos um precioso tempo criativo para cultivar esperança e imaginar. A esperança é o que vai nos sustentar. O sono vai nos restaurar. A paz de espírito vai nos erguer à nossa forma mais elevada, ao mesmo tempo que nos protegerá da investida da morte espiritual proveniente da privação de sono, da exaustão e do trauma do esgotamento. Devemos enfatizar coletivamente, de forma contínua, a importância de uma paz interior que advenha de ouvir a necessidade do seu corpo de descansar e desacelerar. É aí que reside nosso conhecimento espiritual e é por isso que devemos resistir a qualquer coisa que nos afaste da escuta. Devemos, de forma amorosa, treinar nossa alma para resistir ao ritmo urgente do mundo tóxico. Devemos continuar a encontrar o caminho de volta para nós mesmos várias e várias vezes.

A base para a resistência está na nossa capacidade de conectar, ouvir e consertar a parte de nós afetada pelo desgaste de trabalharmos como máquinas humanas. Nosso descanso coletivo é uma meditação e uma ruptura com a violência do capitalismo. Deve-se resistir ao capitalismo e destruí-lo. É uma força violenta e global que rouba constantemente nosso tempo e poder. O capitalismo não pode ser transformado em algo bom; sempre foi uma força demoníaca que leva os corpos divinos ao limite.

Minha contínua análise do livro *Slave Testimony* transformou a maneira como percebo os sinais do meu próprio corpo. Também evidenciou as formas como eu repetia a violência que o capitalismo infligiu a meus antepassados durante a escravização. O livro foi e ainda é uma testemunha e um espelho. Ao estudar o texto, aprendi que os escravizados trabalhavam vinte horas por dia sob o sol escaldante. Os relatos de trabalhar das quatro da manhã à meia-noite, todos os dias, são inimagináveis e devastadores. Eu moro na Geórgia, no extremo sul do país, e as terras aqui guardam um legado de fazendas escravocratas e terror. O clima no verão é brutal e penoso. Lembro-me de uma vez estar sentada ao ar livre em um dia quente, mal conseguindo respirar, e pensar na brutalidade de trabalhar vinte horas seguidas naquele nível de calor todos os dias. Minha garganta ficou apertada, enquanto lágrimas rolavam pelo meu rosto e eu imaginava meus antepassados suportando essa insanidade. Saber que os corpos dos meus ancestrais foram explorados em um ritmo de produção de máquina enquanto os proprietários de fazendas testavam o que um corpo humano poderia suportar é uma dor que guardarei para sempre em meu coração e em meu corpo. Como uma mulher negra que passou pela gravidez e pelo parto, me atentei aos relatos de como era a vida de uma mulher grávida escravizada. Li que elas trabalhavam no campo até darem à luz; muitas também deram à luz nos campos. Pensar em uma mulher trabalhando em uma plantação aos nove meses de gestação e depois dar à luz no mesmo campo me deixou atordoada de perplexidade e descrença. Essa realidade brutal deveria deixar qualquer pessoa abalada. Essa lembrança me paralisa sempre que sinto meu próprio corpo sendo levado a níveis de excesso de trabalho extremo, e respalda meu compromisso de descansar como forma de resistência e protesto. Eu simplesmente não posso e não vou mais fazer isso. Nos âmbitos físico e espiritual, liguei os pontos entre essa história e minha vida hoje. Vou resistir e vou descansar, aconteça o que acontecer.

A entrevista a seguir foi gravada em 1855 por um jornalista abolicionista. Ele conversou com mais de cem pessoas ex-escravizadas. Este é um trecho da conversa com Harry McMillian. Ele nasceu na Geórgia, foi escravizado na Carolina do Sul e trabalhou na plantação. Esses relatos em primeira mão orientam meu compromisso intencional de descansar, desacelerar e me conectar.

PERGUNTA: Você trabalhava quantas horas por dia?
Resposta: Nos velhos tempos de [se]cessão, todas as manhãs até a noite — começava ao amanhecer e ia até as cinco ou seis da noite.

PERGUNTA: Mas você parava para fazer as refeições?
Resposta: Tinha que comer em pé, do lado da enxada; você mesmo cozinhava à noite ou então uma velha era escolhida para cozinhar para todos no campo, e ela ou os filhos levavam a comida para o campo.

PERGUNTA: Vocês nunca se sentavam e comiam juntos como uma família?
Resposta: Não, senhor, nunca tive tempo para isso.[2]

QUANDO VOCÊ NÃO VÊ MUITA VIDA (DESCANSO), A MORTE (TRABALHO EM EXCESSO) PASSA A SER A ALTERNATIVA

Usar o descanso para reparar o que vivenciei como mulher negra nos Estados Unidos. Dedicar-me ao descanso para construir o mundo que quero ver: um mundo descansado, que esteja profundamente ligado à nossa divindade, e não à violência do capitalismo e da supremacia branca. Este Ministério é guiado pela beleza profunda da resistência negra, da erudição negra, da história negra, da liderança negra, do quilombismo e da elaboração de sistemas de cuidado fora da cultura dominante.

Tenho defendido uma política de recusa desde o início das minhas experiências com o que o descanso poderia fazer pela minha sobrevivência. Um chamado para recusar a cultura da produtividade. Para criar espaços temporários de descanso e outros espaços, aconteça o que acontecer. É de fato uma profunda mudança mental conseguir prosperar em um lugar sem botão de pausa. É um Terceiro Espaço, é um lugar espiritual. É saber intuitivamente que o ritmo não é sustentável e dar início a uma política de recusa quando você se conecta. Não é fácil, pois toda a cultura trabalha em colaboração para esse ritmo tóxico de trabalho. A resistência é muito pessoal e interna.

A supremacia branca e o capitalismo nos impediram de nos conectar às dimensões espiritual e intuitiva. Fomos socializados para acreditar no individualismo e, a partir dele, cremos na falsa realidade de que tudo deve ser feito agora. Para acompanhar esse ritmo, aumentamos a produção e fazemos mais, quando o trabalho do espírito é saber que o trabalho já foi feito para nós pelos nossos antepassados. Podemos adentrar esse portal através do descanso. Nossos olhos humanos e um corpo desconectado e exausto nunca nos levarão ao novo mundo que esperamos construir. Como podemos imaginar um mundo livre quando estamos esgotados, apressados e exaustos? Não é possível, e essa é a armadilha.

Como podemos imaginar um mundo sem polícia se não conseguimos imaginar um mundo que inclua descanso para todos? Como podemos construir sistemas de cuidado se nem mesmo cuidamos do nosso próprio corpo e do corpo dos outros?

O descanso é uma prática de amor meticulosa. É uma reparação para o nosso corpo, que passou pela violência de viver em um sistema capitalista de supremacia branca. É cultivar um amor radical por si mesmo e pelos outros, em um lugar que enxerga seu corpo simplesmente como uma ferramenta para usar e possuir. Acredito que não pertencemos a esses sistemas. Sou guiada por evidências da minha própria família e de meus ancestrais. O descanso e o Espaço do Sonho são locais para planejar e dormir, descansar e inventar. O descanso torna a invenção e a imaginação acessíveis. O descanso nos dá a capacidade de testar nossa liberdade. Nossa alma nos chama para termos uma perspectiva diferente. Para agirmos de forma diferente. Para sentirmos diferente. Para descansarmos. O descanso é um ato subversivo. O mais profundo ato de resistência.

Não deixe que a falta de dinheiro e de bens faça você se sentir mal em relação ao seu valor como ser humano. Não deixe que sua pontuação de crédito, a pobreza causada pelo homem e/ou pelo racismo definam seu poder extremo. Seu corpo é um local de libertação. Descanse em seu verdadeiro poder. Seu nascimento não foi uma coincidência. Sua vinda à Terra é um acontecimento divino. Outras pessoas dirão o contrário. Será a lição da sua existência lutar pela sua vida e não ouvi-los. Você é muito mais. Você pode descansar. Você pode mudar. Você pode curar. Você pode resistir. Você pode deitar agora mesmo. Se você estiver em um espaço seguro para se deitar, faça isso ao ler este livro. Se não puder se deitar, apenas acalme a respiração. Pense em seu lugar favorito para dormir e relaxar. Vá até esse lugar em sua mente. Que esses momentos de descanso se multipliquem à medida que você se adapta mais à sua prática diária.

Uma política de recusa é uma tática antiga. Não consigo enfatizar o suficiente a importância de perceber essa ideia e toda a experimentação do Ministério do Cochilo como uma prática antiga. Não é uma novidade nem uma tendência. É uma necessidade e uma forma de sobrevivência. Vem de um lugar de conexão e conhecimento. Minha desprogramação da cultura da produtividade me ensinou que toda a minha vida é uma resistência.

COMO PREPARAR O SEU ESPÍRITO E O SEU CORPO PARA UM COCHILO

Pontos de partida para despertar sua curiosidade e experimentação:

1. Não podemos esperar pelo espaço ou pela oportunidade perfeita para descansar. Descanse agora. Na Parte 1: Descanse!, compartilho a necessidade de enxergar o descanso não como um agrado extra que devemos buscar, mas como uma prática de amor consistente, meticulosa e duradoura. Devemos nos apropriar do descanso.

2. Devemos acreditar que somos dignos de descanso. Não precisamos merecê-lo. É nosso direito de nascença. É uma das nossas necessidades mais antigas e primordiais.

3. Nosso corpo é um espaço de libertação; portanto, onde quer que ele esteja, podemos materializar o descanso. Este segundo princípio do Ministério do Cochilo é um mantra e uma meditação.

4. Produtividade não deve ser sinônimo de exaustão. O conceito de preguiça é uma ferramenta do opressor. Uma grande parte da sua libertação do capitalismo será tornar-se menos apegado à ideia de produtividade e mais comprometido com a ideia de descanso como um portal para apenas existir. Sua compreensão inicial de "produtividade" provavelmente está contaminada pela socialização tóxica que todos recebemos desde a infância, e deve ser revista.

5. Desprogramar nossa mente e nosso coração da lavagem cerebral tóxica a que fomos submetidos sobre cochilos e descanso aumentará nossa capacidade de criar uma prática de descanso. O sono e as oportunidades de cuidados coletivos serão mais profundos devido ao nosso trabalho nessa área. Avance aos poucos e perceba que você sofreu uma lavagem cerebral por um sistema que atribui seu valor intrínseco ao quanto você pode trabalhar e produzir.

6. A cultura da produtividade é violência. Resista a participar disso. Você deve ser flexível, portanto, por favor, resista também ao desejo de se tornar rígido. Passei meses experimentando consistentemente uma prática de descanso diária ou semanal. Na semana seguinte, fiquei acordada a noite inteira para cumprir um prazo. Estamos

entrando e saindo de mundos o tempo todo, então seja gentil com você mesmo. Comece novamente a descansar. Continue voltando para descansar. Permaneça no Espaço do Sonho.

IDEIAS PARA SONHAR

Todo local onde você se sente seguro é o melhor lugar para tirar uma soneca. Já cochilei ao ar livre, em sofás, em estúdios de ioga, na igreja, no transporte público, em aviões, no meu carro na hora do almoço. Se quisermos incorporar o descanso e ao mesmo tempo acabar com a cultura da produtividade, não há limites para onde e como descansamos.

O silêncio é um som. O som pode curar, mas não precisa ser proveniente de faixas musicais. Encontre o silêncio e o cultive.

Banhos. Entre na água. Os banhos de sais e óleos essenciais são uma sabedoria antiga para o corpo e facilitam cochilos incríveis.

Alongamento, expansão e suavidade. Travesseiros macios, cobertores macios, respiração suave e coração tranquilo.

Saia das redes sociais e do celular. Isso exigirá planejamento e atenção, porque o vício em ambos é real em muitos níveis. Quando inicio o processo, deleto todos os aplicativos de redes sociais do meu celular. Também faço planos para o tempo disponível que surgirá quando eu não estiver gastando horas por dia rolando o feed. Esse tempo deve ser substituído por descanso intencional, oportunidades de conexão, momentos de estudo, escrita de um diário e devaneios. Você será atraído pelo celular de uma forma que parecerá habitual e incontrolável. Isso faz parte do processo.

Comece com um plano de desintoxicação por um dia e avance a partir daí.
Experimente rituais de cochilo e hábitos de descanso que funcionem para você. Crie sua prática de descanso.
Leia poesia antes de tirar uma soneca ou escreva meditações de descanso para si mesmo. Faça um diário de descanso. Repita essas meditações com frequência.

O QUE O DESCANSAR É RESISTIR NÃO É

Não descansamos para produzir mais e voltarmos mais fortes e produtivos para um sistema capitalista. O descanso não é um luxo ou um privilégio. Essa mentira foi gravada em nosso cérebro e nossa mente, e é hora de começar a remover esse véu. O movimento mais profundo da sua jornada de desprogramação será se libertar dessa falsa crença. Um dia, espero que todos possamos desprogramar a mentira de que o descanso, o silêncio e a pausa são um luxo e um privilégio. Não são! Os sistemas manipularam você para acreditar que isso é verdade. Os sistemas têm mentido e nos guiado cegamente para fantasias urgentes e insustentáveis. Substituímos nossa autoestima intrínseca por produtividade tóxica. Quando enfim percebermos que uma longa lista de tarefas não substituirá uma compreensão profunda do quanto somos suficientes, iniciaremos o processo de desaprender e nos desvencilhar. Você não precisa estar sempre criando, fazendo e contribuindo para o mundo. Seu nascimento também lhe concede descanso e lazer.

O capitalismo, em algum momento, capturou a mim e à maior parte da minha família, meus amigos próximos e minha comunidade. Estamos sob o feitiço de correr atrás, conseguir dinheiro e lutar orgulhosamente atrás da riqueza. Trabalhar sem parar para alcançar a inacessível linha de chegada da riqueza da qual a maioria nunca desfrutou. O pesadelo do capitalismo sempre esteve fora do nosso alcance; existimos apenas como um produto dele. Continue se libertando. Agradeça a beleza da consciência e da autorreflexão. Nossa resistência é um trabalho profundo de cura. Há um espelho esperando que olhemos para ele. Há uma cama esperando por nós.

O descanso não é popular, aprovado ou exibido nesta cultura. É um movimento atípico até que o capitalismo e a supremacia branca sejam derrubados. Portanto, não podemos esperar até que nos digam que podemos descansar. Ninguém vai lhe dizer isso. Você terá que abrir espaço para si e para outras pessoas ao seu redor descansarem. O descanso não é um estado de inatividade ou perda de tempo. É um espaço generativo. Quando você está descansando o corpo, ele está em seu estado mais conectado. Seus órgãos estão se regenerando. Seu cérebro está processando novas informações. Você está se conectando com uma prática espiritual. Você está honrando o seu corpo. Você está presente. Todas essas coisas são fundamentais para que a libertação e a cura criem raízes. Seu corpo não pertence ao capitalismo, à supremacia branca ou ao patriarcado. Seu corpo é um templo divino e um lugar de imaginação geradora. Um lugar de cura e liberdade.

Acredito que qualquer trabalho que esteja alicerçado no bem-estar e na justiça mas não inclua o coletivo, sem um contexto de transgressão e decolonização, é um trabalho incompleto. É mais do mesmo. Para formarmos este novo mundo, devemos recorrer à nossa imaginação, ao nosso Espaço do Sonho e às nossas lições dos sonhos. Estou muito interessada em trabalhos de imaginação e em invenções. Em honrar a imaginação daqueles que nos precederam. Não estou interessada na regurgitação do que está acontecendo nas redes sociais em torno do descanso, mas sim em estudos profundos e demorados, pesquisas e experimentações pessoais.

Até este momento, passei quase dez anos experimentando e pesquisando sobre o descanso como ferramenta de cura e transgressão do capitalismo. O trabalho ainda está evoluindo. Passei anos presa na máquina de produtividade, explorando meu corpo para depois descansar. Sendo puxada para dentro e para fora da realidade fluida de viver em um mundo que considera o descanso algo frívolo. Tenho interesse em sempre honrar e fazer referência aos meus antepassados, pois meu descanso é uma reverência a eles. Permaneço curiosa sobre o que está acontecendo nas rodas artísticas, nos locais religiosos, nos círculos espirituais, nas reuniões de organizações comunitárias e nos momentos tranquilos nas casas das pessoas, quando estão off-line em um momento não documentado de cuidado e descanso profundo. Estou menos interessada no mundo repetitivo e fabricado das redes sociais. Acredito que estaríamos mais próximos dos nossos objetivos de descanso se não estivéssemos sempre conectados pela tecnologia.

O que é dinâmico na mensagem do descanso é que ela estará em constante evolução e mudança, à medida que reservamos espaço para as formas como podemos desmantelar e destruir a supremacia branca e o capitalismo. Isso não pode e não deve ser colocado em uma caixa. Não é um ideal de uma única etapa e estará sempre evoluindo à medida que crescemos e começamos a nos afastar ainda mais dessa cultura opressora. O fim é um futuro bem descansado. Nossa resistência é o bálsamo para um mundo profundamente traumatizado.

PARTE 4
IMAGINE!

A imaginação é uma das formas mais poderosas de resistência que as pessoas oprimidas e exploradas podem usar e usam.

bell hooks

Inspiração: Afrofuturismo, Harriet Tubman

Ocupe espaço.
Arrisque em suas observações.
Seja um maroon.
Decida que você nunca mais voltará à escravidão.
Tire um cochilo para receber uma palavra de seus ancestrais.
Seja subversivo.
Adote o amor radical que está fora dos limites tradicionais.
Desconfie de tudo que lhe ensinaram.
Leve consigo um caderno de pesquisa.
Seja curioso.
Resista.
Descanse.

A IMAGINAÇÃO COMO FERRAMENTA DE LIBERTAÇÃO

Não sou a primeira pessoa a usar a imaginação como ferramenta para atingir a autonomia. Sempre me inspiro em bell hooks e em Octavia Butler por acreditarem na imaginação como ferramenta para nossa plena autonomia e por nos ensinarem a usá-la. Não há páginas ou palavras suficientes para exaltar o que o conhecimento e compromisso de ambas em dizer a verdade fizeram pela minha vida e por este chamado de descanso. Elas falaram, abundantemente, sobre a ideia de enxergar e criar o mundo que queremos ver. Essa parte da nossa peregrinação de descanso exige imaginação e conduta prática. É uma profunda incorporação com o entendimento de que devemos estar prontos para tomar decisões impactantes, estabelecer limites e reimaginar formas de cura. Acredito que nosso descanso está inserido nessa elaboração. Passo inúmeras horas sonhando acordada sobre o que nosso corpo e mente serão capazes de descobrir e absorver uma vez que estiverem descansados.

Particularmente, acredito que meus ancestrais, aqueles que foram escravizados nas plantações, tiveram seu Espaço do Sonho roubado. Foi um roubo. De um espaço que foi substituído pelo terror racial e pelo trabalho atroz. Gosto de imaginar meus antepassados tramando e organizando planos ainda maiores para a liberdade e a fuga se tivessem descansado. Fico impressionada com o que eles foram capazes de realizar e criar enquanto estavam exaustos e privados de sono. É o que considero um milagre divino, e por isso tenho grandes esperanças sobre o futuro. Eu me pergunto o que nosso corpo pode fazer nesta dimensão e, desta vez, em um contexto de descanso e imaginação. O que poderíamos curar? O que poderíamos descobrir? Como seria diferente o nosso trabalho em prol da justiça se todos os envolvidos dormissem bem? Que mensagens poderíamos receber em nossos sonhos para nos guiar à libertação? Que percepção nossos ancestrais poderiam transmitir quando nos conectamos com eles em nossos sonhos? Que revelações estamos perdendo porque vivemos em um ritmo industrial? Como a sua imaginação poderia ser cultivada se você dedicasse pelo menos dez minutos por dia a devanear? Devemos reimaginar o que o descanso é e o que pode ser para nós. Tudo o que aprendemos sobre o descanso é falso. Tudo tem sido uma mentira. Nosso chamado é encontrar formas de integrar o descanso e ouvir nosso corpo. Podemos tirar um cochilo e encontrar, além de dormir, outras maneiras de explorar as vias pelas quais nosso corpo e mente podem se conectar e desacelerar. Isso é descanso. Há descanso para os cansados. Para aqueles que trabalham em dois ou três empregos e ainda não conseguem pagar o aluguel em dia. Para os que têm filhos, trabalham e frequentam a escola, há descanso para vocês. Para os corpos incapazes de trabalhar as longas horas exigidas pela cultura da produtividade, o descanso é um refúgio para vocês. Então, quando ouço as respostas "Não consigo descansar", "Eu até queria. Sou tão ocupado", "Sinto culpa quando descanso. Sinto que deveria estar fazendo alguma coisa", não estou negligenciando a realidade escancarada da pobreza, dos baixos salários, do capitalismo tardio, das corporações que geram bilhões de dólares sem oferecer ao trabalhador um salário digno e de todos os outros estratagemas e abusos que fazem com que pareça impossível triunfar. Compreendemos a seriedade quando se fala da situação de vida ou morte em que a pobreza nos deixou.

    O descanso desestabiliza o sistema e abre espaço para invenção, imaginação e restauração. O descanso é uma ferramenta de imaginação porque abre espaço para simplesmente existirmos. Ser um humano é um milagre ancestral que ignoramos quando trabalhamos demais para provar nosso valor por meio da exaustão. Se nada mais neste livro fizer efeito em você ou penetrar fundo nas fendas da sua consciência, por favor, pense assim: você é suficiente neste exato momento, simplesmente porque está vivo! Você é divino, não importa em que o capitalismo ou a supremacia branca o tenha feito acreditar.

Imagine como seria a sensação, o sabor e o cheiro de acreditar que você não precisa provar quem é por meio de suas realizações e do trabalho. Este é o ponto central desta obra, é a base para imaginar um novo caminho. A cultura em que vivemos não o direciona para essa verdade profunda. Em vez disso, vem afirmando e reforçando a ideia de que você veio ao mundo para ser uma máquina, para realizar, trabalhar e produzir. A verdade é que quando você, pouco a pouco, começa a acreditar e compreender seu valor intrínseco, o descanso se torna possível de várias maneiras.

Ao ponderar sobre as maneiras de integrar e mudar sua mentalidade em relação ao descanso, aos cochilos e à desaceleração, faça a si mesmo as perguntas a seguir. Você pode escrever todos os dias. Pode meditar sobre as respostas, sonhar com elas. Faça delas um dispositivo de discernimento, uma orientação:

1. O que me sinto chamado a fazer?

2. Como posso criar um espaço para que eu e minha comunidade possamos ser curados? O que eu preciso curar?

3. A ideia de se desconectar de aparelhos e descansar durante um mês inteiro pode ser reimaginada em pequenos momentos diários, semanais?

4. O que você entende por descanso e cuidado intencionais? Esboce um mapa mental.

5. Como está o seu coração?

6. Quem você está sendo?
7. O que você está reprimindo?
8. Que história você está contando a si mesmo? Que história mais libertadora você pode contar?
9. Como você pode elaborar o descanso neste momento?
10. Você está preparado para mudar?

Eu explorei as possibilidades de imaginação, descansando continuamente e criando sabás de um mês fora das redes sociais e do trabalho. Tenho feito isso de forma consistente e considero essa uma das principais maneiras para continuar a me inspirar como artista e ativista diante do monstro do capitalismo. Tudo que aprendi criou espaço para que eu fosse uma antena para infinitas ideias e pensamentos. Um recipiente esperando para absorver o que já está dentro de mim, abrindo espaço para a energia curativa do silêncio. Isso é descanso.

Meu sabá é uma prática pessoal, espiritual e política. Eu paro com o intuito de declarar que já basta e que eu já fiz o suficiente. Como viveríamos se acreditássemos que já é o bastante? Acredito que a Terra também está em um estado de extrema exaustão. O capitalismo não está apenas destruindo nossa vida e espírito, está também matando o planeta. A Terra precisa descansar, e todos os seus habitantes merecem um sabá reinventado.

Meu sabá de novembro de 2019 me revelou muito sobre a forma como existimos em um estado letárgico de desconexão que deixa muito pouco espaço para o cuidado comunitário e a imaginação.

Antes do meu mês de sabá em novembro de 2019, eu me preparei e anunciei, durante três meses, que estaria fora de todas as redes sociais, sem eventos, sem e-mail, sem discutir detalhes do Ministério do Cochilo, sem reservas nem viagens. Em suma, imaginei e esperei por uma experiência completamente remota, sem energia elétrica, que incluísse dormir bastante, silêncio, cochilos diários, muitos banhos desintoxicantes com sais relaxantes, leituras, não falar sobre nada relacionado ao trabalho, escrever um pouco, passar tempo com amigos e família e ficar completamente aconchegada em casa. A maioria aconteceu, e tive muitos momentos de profunda calma e conexão, mas também foi uma bela batalha. Aprendi muitas coisas, mas a mais importante foi que as pessoas, de fato, não querem que você descanse porque não têm nenhum modelo de como é o verdadeiro descanso dentro de um sistema capitalista. Meus limites nítidos e meu sabá foram invadidos e desrespeitados constantemente. Inúmeras vezes, tive que lembrar a 90% das pessoas com quem interagi durante esse período que eu estava de fato fazendo uma pausa intencional. As pessoas me ouviam enunciar isso verbalmente e então continuavam falando sobre trabalho e me solicitando coisas. Foi fascinante observar o transe e o controle que a cultura da produtividade exerce sobre nós. Adquiri muito conhecimento sobre o quanto este trabalho é radical e transformador, porque oferece extrema clareza e uma conexão com a intuição de maneiras verdadeiramente revolucionárias.

COISAS QUE CONFIRMEI NO MEU SABÁ DE TRINTA DIAS

1. Toda a nossa cultura é viciada em redes sociais e tecnologia. Isso está nos levando ao caminho da exaustão. Se

você não tiver muita intenção de se desintoxicar regularmente desses espaços, acredito que será impossível descansar e se conectar de fato com os outros.

2. Praticar o descanso real é uma prática de batalha e libertação. Ninguém quer que você descanse profundamente, porque a maioria das pessoas nunca teve a oportunidade de praticar o descanso de forma consistente, portanto não existe um modelo de como incorporá-lo.

3. Falar e escrever sobre o descanso é uma tendência atual. A maior parte da sociedade não está descansando de fato. A tendência de falar e escrever sobre isso está enraizada no capitalismo, no pensamento de grupo tóxico e na conveniência — tudo conectado à cultura da produtividade e à forma como a mídia absorve e extrai.

4. Sonhar e o Espaço do Sonho são o segredo para a desprogramação da cultura da produtividade, além de promoverem profunda cura e libertação. Durante meu período de desintoxicação da tecnologia, meus sonhos eram vívidos e detalhados todas as noites. Senti como se estivesse em uma realidade alternativa em cada uma delas. Minha intuição foi aguçada, e minhas ideias fluíram. Durante um período de cinco dias, escrevi à mão dezessete páginas de pensamentos e ideias. Fiz uma pesquisa sobre a ciência da rolagem de feed em dispositivos e os efeitos do tempo excessivo de tela. Aprendi que nosso cérebro muda com o tempo. Os primeiros designers de plataformas de redes sociais criaram intencionalmente páginas de rolagem para que não tivessem fim. Essa função nos permite rolar a página durante horas, todos os dias, em um estado quase zumbi.

5. A cada dia que eu descansava, sem pressa, sentia mais uma camada de intuição e conexão se derramar sobre mim.

6. O ritmo cotidiano da nossa cultura não é saudável, sustentável nem libertador. Vivemos e participamos da violência funcionando em ritmo industrial. Esse espaço tóxico foi aceito como padrão. Não é normal.

7. Qualquer pessoa que vá contra o ritmo da cultura da produtividade vive fora da curva e assume riscos. É uma resistência em nível militar rejeitar e interromper essa realidade. Recebi mais e-mails, mensagens de texto e solicitações de trabalho no sabá do que quando estou disponível. Mesmo quando a resposta automática informava que eu estava ausente por trinta dias, a maioria ignorava e seguia em frente. Achei isso fascinante.

8. Meu sabá foi um ritual restaurador que transformou meu corpo e minha alma. Senti que minhas células tiveram a oportunidade de se regenerar e fazer seu trabalho de transmissão para um poder superior.

9. Não senti falta alguma das redes sociais durante o tempo que estive fora. Foi lindo viver a solidão e não ser atacada por pensamentos, ideias e comentários de milhares de pessoas na internet a cada dia. Meus próprios pensamentos tiveram a chance de se espalhar e se desenvolver. Eu me senti fisicamente melhor, passava bastante tempo cara a cara com as pessoas e vagava nos meus sonhos e nos meus momentos acordada. Eu me senti mais humana e mais leve.

Como estabeleceríamos limites para o trabalho e as tarefas se nos conectássemos às dimensões espirituais do descanso? Nos últimos dois anos, fiz três sabás de um mês cada. Todos eles são um esforço incrível e uma prática de paciência, definição de limites e misericórdia. Eu me preparei olhando minha agenda e definindo um esboço para todas as tarefas que poderia eliminar. Comecei a prestar atenção aos pedidos que me eram feitos no mês que escolhi para o período de descanso. É muito importante anunciar e deixar o mais claro possível para todos que você não estará disponível durante esses dias. Já que nossa cultura não tem um paradigma de como é parar e fazer uma pausa, seu sabá é um modelo e um guia. Não considero o meu sabá um sabático porque este pressupõe um período concedido por uma entidade externa para estudar, viajar, escrever ou criar. Criar o próprio sabá é uma oportunidade para um intenso trabalho de imaginação e colaboração com o espírito. Temos a capacidade de imaginar um sabá que seja único para nós e somente para nós. É um lindo espaço de invenção e escuta de maneiras de se desconectar, mesmo que por dez minutos, um fim de semana, trinta dias, ou como um presente para si mesmo em um aniversário ou data comemorativa. A intenção do sabá é nos salvar. A intenção do descanso é nos salvar.

Como mulher negra, é um desafio pôr em prática um verdadeiro sabá. O mito da mulher negra como a mula do mundo, a Mulher-Maravilha e aquela que salvará a todos é um obstáculo a meu desejo de fazer um sabá. O mundo está viciado no trabalho constante das mulheres negras. Desde a fundação deste país, as mulheres negras foram forçadas a servir no papel desviante da *mammy*, uma trabalhadora fiel, altruísta e leal, que entrega seu corpo e sua força de trabalho à família do escravizador.* Ainda hoje acreditam no mito de que esse era um papel que mulheres negras apreciavam, no qual eram excelentes. A sociedade adora receber e usufruir do brilhantismo das mulheres negras sem qualquer reciprocidade ou vergonha. É algo aceito e esperado.

Intelectualmente eu sabia disso, mas só fui capaz de sentir na pele essa dura verdade durante o tempo em que estava no sabá. Da primeira vez, quando declarei que não aceitaria nenhum trabalho, pedido ou projeto, todas essas coisas foram solicitadas por pessoas que sabiam que eu estava indisponível. Elas diziam: "Sei que você está no sabá, mas conseguiria passar uma hora gravando um podcast?". Também recebi vários e-mails assim: "Li em sua mensagem de resposta automática que você está num sabá por trinta dias; se você voltar antes, eu adoraria bater um papo para discutir algo de que preciso". Não existe concepção ou referência de mulher negra livre da exploração de seu trabalho emocional, físico e espiritual. Desde nosso rapto e chegada ao litoral da América do Norte, nosso corpo tem sido fonte constante de exploração, extração, violência e desrespeito. Essa dinâmica subsiste no presente, uma vez que as mulheres negras constituem uma grande parte da força de trabalho de cuidados, ao mesmo tempo que recebem o menor salário em comparação com todas as outras pessoas no planeta. Nosso trabalho intelectual é constantemente roubado,

---

* A figura da *mammy*, uma mulher mais velha de pele escura, com sobrepeso e temperamento maternal responsável pelos cuidados domésticos e maternos da casa do senhor branco, faz parte de um conjunto de imagens produzidas pela cultura ocidental eurocêntrica que atuam na dimensão do racismo e do sexismo. Na cultura brasileira existe uma figura semelhante: a mãe preta, uma mulher negra versada no trabalho braçal, dotada de um servilismo incondicional. (N. T.)

sem crédito ou consideração. Somos vistas como aquelas que salvam o mundo e ao mesmo tempo somos as mulas do mundo.

É por isso que exijo e continuarei a anunciar meu sabá às massas e àqueles com quem estou intimamente envolvida. Incluo uma desintoxicação das redes sociais como parte do meu sabá porque são um trabalho e, como extensão do capitalismo, buscam nos manter sempre salivando por mais. Nunca estamos satisfeitos enquanto rolamos a página por horas, entramos em debates sobre coisas que já sabemos serem verdadeiras, lutamos contra trolls e todos os outros que roubam nosso pensamento crítico. O direito que sentimos ter aos detalhes da vida alheia é satisfeito por nossas interações repetitivas na internet. Somos atraídos pelos estilos performáticos que acreditamos que nos libertarão.

Uma verdade que muitos não conseguem ouvir e engolir é: quando internalizamos o capitalismo e estamos profundamente envolvidos no ciclo de lavagem cerebral, não queremos descansar, não sabemos como descansar nem abrimos espaço para que outros possam descansar. Nossa imaginação e senso de invenção não existem mais de forma abundante quando estamos presos nas algemas da cultura da produtividade. Continuarei a chamar o movimento de descanso guiado pelo Ministério do Cochilo de "trabalho de imaginação" porque é nossa maior esperança para o futuro.

Em seu ensaio para a revista *Essence* "A Few Rules for Predicting the Future" [Algumas regras para prever o futuro], de 2000, Octavia Butler partilha uma potente verdade relacionada à imaginação: "O simples ato de tentar olhar para o futuro para discernir possibilidades é um ato de esperança".[1] Se eu pudesse repetir essa máxima infinitas vezes, como um chamado à oração saído de alto-falantes por todo o país, tomando meu coração, sussurrado nos ouvidos, gravado em nossa psique e gentilmente tatuado nas palmas de todos que sentem pelo menos um lampejo de esperança, era isso que eu faria. Estou impressionada com o que significa de fato discernir e como, quando você está correndo atordoado para acompanhar o ritmo da sociedade, sobra pouco espaço para ver a luz. Somos incapazes de distinguir entre o que os sistemas exigem de nós e o que o nosso espírito e o nosso corpo sabem ser verdade. Temos que abrir espaço para sonhar acordados, para contemplar o céu, para que nosso corpo volte ao estado natural. Quando estamos privados de sono, exaustos e esgotados, dá-se origem a um ciclo de trauma. Podemos cultivar nossa imaginação para antecipar o futuro e ter esperança nele.

Subestimamos a imaginação. Nós a banalizamos como uma perda de tempo, um costume de crianças frívolas, e promovemos constantemente a falsa ideia de que a imaginação só permite um momento de escapismo em um mundo duro e cruel. Usamos essa mesma perspectiva quando pensamos no descanso. A imaginação que estou propagando não é escapismo, embora eu acredite que o escapismo ocupe um lugar poderoso, especialmente na vida das pessoas oprimidas. Esse trabalho de imaginação permite que os indivíduos vejam o que é possível. Tudo o que vemos na Terra hoje, todos os sistemas sob os quais vivemos, foram criados por alguém. Eles não existiam até que as pessoas se sentassem e imaginassem uma maneira de dar sentido a seu mundo. No caso da supremacia branca e do capitalismo, aqueles que criaram e testaram esses sistemas violentos encontraram uma forma de se manterem firmes na crença tóxica de lucrar com as pessoas. Encontraram formas sinistras de subjugar e mercantilizar os seres humanos para conseguirem poder e riqueza.

Também temos o direito de construir e reimaginar nosso mundo. Devemos iniciar o processo constante de avaliar nossas possibilidades. Como seria um mundo descansado? Como seria um mundo sem o capitalismo? E se a pobreza não fosse mais gerada? O que poderíamos imaginar como alternativas ao individualismo tóxico que nos leva à morte coletiva? Nossa imaginação tem o poder de explorar novos mundos. Devemos lutar por isso. Devemos imaginar. Devemos primeiro vislumbrar algo perfeitamente antes que tenha a possibilidade de acontecer.

Ouço com frequência a narrativa de que está na hora de as instituições e os governos facilitarem nosso descanso, e é nesse ponto que a abordagem Descansar É Resistir difere. Nós descansamos *independentemente* do que qualquer um desses sistemas faça. Não esperamos. Não pedimos permissão. O que nos move é o espírito de sermos subversivos, inventivos e revolucionários. Sabemos que não será fácil, mas confiamos em nossa divindade, no poder do cuidado coletivo e no intenso foco em explorar nossa imaginação por meio do descanso para abrir caminho e assim nos libertarmos da cultura da produtividade. Devemos sempre lembrar que não é possível consentir com a supremacia branca ou o capitalismo sem consequências.

Não existe uma única maneira de integrar o descanso em nossa cultura. Será necessário o poder de milhares de horas de imaginação para chegar lá. Muitas pessoas me pedem para compartilhar algumas dicas e maneiras rápidas de descansar mais. Esses pedidos chegam de forma urgente, vindos de pessoas que sentam e esperam que eu recite uma lista perfeita e concisa que poderão usar para se libertar de uma vida inteira de condicionamento. Mas compreender que não existe solução mágica é libertador e uma boa notícia. É uma contranarrativa ao ritmo de pressa e ansiedade ao qual estamos tão acostumados.

O convite para abordar a cura pelo descanso de várias maneiras é revolucionário. As revoluções levam tempo. O processo é longo e lento, e por isso sou grata.

Este não é um livro com um passo a passo e um esquema rígido de como encontrar descanso em um sistema capitalista. Nossa cultura se beneficia do mito do processamento rápido e conveniente. Já passamos por isso, e não precisamos mais do mesmo pensamento reduzido e limitado. Está na hora de mudar de abordagem. Está na hora de explorar nossa imaginação e retornar ao que nosso corpo e espírito já sabem. Está na hora de nos aprofundarmos em quem somos como humanos e começarmos a investigar e descobrir. A sabedoria do seu corpo compreende. Cabe a você sair do mundo tóxico da cultura da produtividade excessiva. Seu corpo está em estado de extrema exaustão e, portanto, não é capaz de proporcionar a orientação incrível que você pode ter do outro lado do túnel da desconexão. Ao se conectar com o seu corpo em um estado de repouso, você terá acesso a muitos portais de informações. Você tem permissão para experimentar. Volte para si mesmo. Entre. Invente. Faça uma pausa para compreender o nosso mundo. Esta não é uma cura padronizada. O capitalismo é novo. O nosso corpo é antigo, e a cura é antiga. O descanso é antigo. Este é um momento para um trabalho de imaginação mais profundo, que nos levará às partes mais profundas de nós mesmos. Isto é uma revogação. É imaginar um novo caminho. É um trabalho feito de sonhos.

Não sinto medo ou ansiedade em meu ser. Minha esperança e alegria são internas, e não baseadas nas frivolidades da nossa cultura tóxica. Estou firmemente plantada na genialidade e no poder do descanso, do cuidado comunitário e do que posso imaginar em colaboração com Deus e meus ancestrais.

Estou firmemente enraizada na imaginação e na beleza da minha própria libertação. Estou deitada e sonhando acordada. Recuso-me a permitir que a cultura da produtividade excessiva me leve ao desespero e à exaustão. Jamais esquecerei o que meus ancestrais fizeram, mesmo durante o terror racial. Eles se dedicaram à alegria, encontraram descanso, criaram arte e encontraram prazer em si mesmos e em suas famílias dia após dia. Essa é minha esperança, esse é meu objetivo.

O Ministério do Cochilo é um compromisso com um ideal que pode parecer inatingível. Isso o torna revolucionário porque cria espaço para a imaginação e a esperança. Ambas são as chaves para a nossa libertação. Podemos começar a usar o descanso como um caminho para cultivar a imaginação. Quando investigamos e examinamos todas as ferramentas que temos dentro de nós para rejeitar os sistemas dominantes, o portal se abre. Teremos que fazer uma pausa para ouvir e abrir espaço para uma investigação lenta. Uma prática de descanso será uma jornada de curiosidade para toda a vida. Estou curiosa sobre o seguinte: como será um futuro de descanso? Como podemos colaborar para criar um mundo onde haja espaço de descanso para todos? Que informações estão disponíveis para nós quando conseguimos finalmente repousar? Como a exaustão prejudica o poder de sintonia e a fluidez? Que curas e ideias nossos ancestrais estão esperando para nos transmitir através dos sonhos? O que aconteceria se pudéssemos imaginar coletivamente que já temos tudo de que precisamos?

Iniciei minha carreira como poeta há mais de vinte anos. Eu escrevia e declamava no rico cenário da poesia falada em Chicago no final dos anos 1990. Também trabalhei ensinando poesia nas escolas públicas de Chicago e em programas extracurriculares para organizações comunitárias. Eu trabalhava com jovens de seis anos até o ensino médio. Uma experiência recente que está no meu coração e na prática em prol da justiça é uma aula que aconteceu em 2017. Eu estava lecionando em Atlanta, Geórgia, em um programa extracurricular para jovens com idades entre onze e dezessete anos. Organizei, com muito afeto, um belo currículo sobre composição de poesia. Meu objetivo era apresentar os conceitos de detalhe, metáfora e linguagem figurada. Pedi que eles escrevessem e mapeassem a jornada de suas vidas desde o presente até o nascimento. Toda semana eu trabalhava com eles por duas horas. Esses jovens liam poemas de autores como Langston Hughes, Alice Walker e Nikki Giovanni e praticavam a arte de representar e se expressar através da poesia.

Mais ou menos na metade de um programa de catorze semanas, comecei a entender que deveria mudar o currículo. Eu precisava suspender meus planos originais e me aprofundar em orientar a imaginação deles através do estudo do Afrofuturismo. Fiz isso porque toda semana aqueles jovens escreviam sobre a realidade que enfrentavam, a pobreza, o abuso de drogas, a violência armada, o silêncio imposto que sentiam por serem jovens, o desemprego das famílias, o complexo industrial prisional, com o qual muitos tinham experiência. Semana após semana, recebia poemas incrivelmente violentos e comoventes de jovens descrevendo o horror de suas vidas. Me senti grata pela segurança que demonstraram ao compartilhar comigo e com os colegas, e compreendi a importância de contar a verdade sobre o que viviam. Não havia equilíbrio, esperança nem invenção do que a vida poderia ser. Então recorri à ficção científica, aos quadrinhos, à música e ao cinema para apresentar os ensinamentos de Sun Ra, o pai do Afrofuturismo, Octavia Butler, Missy Elliott e o sucesso de bilheteria *Pantera Negra*, que estreava naquela época. Fiquei surpresa quando os adolescentes admitiram que não assistiam a ficção científica, nunca tinham visto uma revista em quadrinhos impressa e não sabiam quase nada a respeito da franquia *Star Wars*. Muitos deles tiveram dificuldade em escapar da realidade do dia a dia. Isso confirmou minha compreensão de como a opressão funciona para roubar nossa imaginação. Sobretudo para as pessoas marginalizadas. As pessoas negras e de pele marrom-clara que vivem em comunidades destruídas pela violência criada pela pobreza e pela injustiça são constantemente privadas do espaço para imaginar. Então demos início a um mergulho profundo no Afrofuturismo.

No Afrofuturismo existe um futuro no qual todos os problemas atuais serão resolvidos. O futuro é agora. O Afrofuturismo implantou em mim uma nova memória gerada pelos meus desejos mais profundos. Realização e criação de sonhos negros. O pai do Afrofuturismo é Sun Ra — nascido em 1914 no extremo sul de Birmingham, Alabama, compositor de jazz, pianista e poeta, conhecido por sua arte experimental, música e cinema. Seus brilhantes ensinamentos: transportar as pessoas negras para longe da violência e do racismo do planeta Terra e criar um planeta negro. A reação artística dele ao trauma da vida negra nos Estados Unidos traz profunda alegria, esperança e expansividade, mesmo que apenas em nossos sonhos. As pessoas negras têm espaço para ver além, acima e ao redor de seu lugar atual em uma sociedade violenta. Essa imaginação traz paz e um futuro de libertação. Nosso trabalho de descanso deve estar profundamente plantado na imaginação. O Afrofuturismo é um colaborador confiável da estrutura Descansar É Resistir porque Sun Ra foi movido pela ideia do impossível. A desprogramação da cultura da produtividade excessiva precisa vir de um lugar inédito. Devemos nos envolver em uma realidade que está muito longe daquela que nos é dada todos os dias pelos sistemas opressivos. Estudar o Afrofuturismo e o caminho de Sun Ra será extremamente benéfico para a elaboração de uma prática de descanso que durará toda a vida. Nosso Espaço do Sonho, o portal que o descanso oferece, e nosso desejo de construir um Novo Mundo embasado no descanso são apoiados pela filosofia do Afrofuturismo, que altera o tempo.

Me impressiona o apelo para acreditar que o futuro é agora e que no futuro todos os problemas deste mundo já estarão resolvidos. A impossibilidade guiou Sun Ra. "Nas notas de seu álbum e nas entrevistas, Ra começou a esboçar uma 'mitologia Astro-Negra', uma forma de alinhar a história do antigo Egito com a visão de um futuro êxodo humano 'além das estrelas'."[2] Eu conecto o trabalho de Sun Ra à minha elaboração de uma prática de descanso porque, para começar a romper com o roubo do meu tempo pela cultura da produtividade, devo acreditar no impossível enquanto guio meu próprio caminho em direção ao lazer, à delicadeza, à tranquilidade, ao descanso e ao cuidado. Devo acreditar que é possível descansar. Devo me desconectar das mentiras que me contaram sobre o meu valor, mesmo que por alguns minutos ao dia, para que comece a desacreditar por completo. Devo permanecer hiperfocada no impossível e obter poder e energia com isso. Meu descanso é possível em um sistema supremacista branco, patriarcal e capitalista por causa da minha atração pela vida e pelo espírito. Precisamos dessa mentalidade se quisermos nos libertar da força que a cultura da produtividade exerce sobre nós. Teremos de sonhar sem fronteiras e acreditar que tudo é possível. Não podemos continuar presos ao pensamento binário. Não podemos continuar presos ao literal, com medo de deixar nossa mente e coração vagarem até o espaço liminar que nos espera quando sonhamos e descansamos.

No final do programa, os jovens estavam de pé lendo poemas que descreviam como seria para eles um Planeta Negro. Eles falaram de um mundo onde não precisavam frequentar a escola pública e aprender um conteúdo para fazer um teste; em vez disso, nasciam com todo o conhecimento necessário para triunfarem. A respiração ativaria mais aprendizado conforme fosse preciso. Havia um lugar onde não existiam armas, e a comida crescia livremente para que ninguém passasse fome. O dinheiro nunca tinha sido inventado e era possível dormir por dias sem que ninguém o chamasse de preguiçoso. Perguntei a um dos meus alunos favoritos, um menino de onze anos: "Então, por que você acha que os criadores tradicionais de ficção científica retratam o futuro sem a presença de pessoas negras?". A resposta: "Porque acham que não vamos durar tanto tempo! Mas eles estão enganados. Nós somos o futuro". Só pude sorrir e dizer: "Sim, nós somos".

Ao descansarmos agora, abrimos o portal para um futuro de descanso. O futuro é agora. Nas práticas diárias de conexão com o nosso corpo, de recuperação de espaço e de imaginação coletiva. O futuro é de descanso. Dentro de um sistema capitalista, não nos dizem que podemos descansar. Nossa imaginação se limita até mesmo a imaginar a possibilidade de cochilar todos os dias. Talvez nunca cheguemos a um mundo totalmente anticapitalista, mas nossa imaginação é nossa resistência. A imaginação é uma forma de cuidado. A violência de viver de acordo com a supremacia branca e o capitalismo desgasta nossa capacidade de sonhar e inventar. Somos facilmente manipulados quando estamos exaustos e aprisionados na produtividade tóxica. Há poder no evangelho do descanso e no ministério voltado à sobrevivência, à prosperidade e à compreensão do mundo. O descanso está pronto para ordenar nossos amores, acalmar nosso corpo exausto e romper o trauma de navegar pela vida em um ritmo industrial. Ao reimaginar, permitimos que a memória se expanda e ganhe força. Essa força pode destruir a cultura da produtividade e oferecer redenção. Ao descansarmos intencionalmente, precisamos nos lembrar do mundo tóxico que queremos deixar para trás e compreendê-lo. Isso vai mudar o statu quo e nos levar a um estado de imaginação.

Sou testemunha de como a cultura da produtividade destruiu corpos, corações e mentes. Testifico como um ato de resistência e de esperança radical. Sou testemunha de todos os nomes dos meus antepassados que foram esgotados por um sistema que os enxergava como nada mais do que máquinas. Por minha bisavó Rhodie, com sua pistola para se defender durante o terror das leis de Jim Crow. Por minha avó Ora, que sempre se lembrou de encontrar uma maneira de ter paz e descansar, não importa o que acontecesse, quando isso parecia impossível para os outros. Por meu pai, Willie, que criou um espaço para existir antes de bater o ponto. Há libertação em se lembrar e em contar uma história. A exaustão limita o espírito, e o descanso o fortalece. Sou sobrevivente das garras do capitalismo e do pesadelo americano de trabalho e medo constantes. Através da recordação e da lembrança após o trauma, muitos podem começar a processar plenamente como suportaram e lidaram com o inimaginável.

ESPAÇO DO SONHO — COMO ME CONECTEI ENQUANTO COCHILAVA

Não foi um processo rápido começar a explorar o Espaço do Sonho. Ainda me lembro do momento exato em que meu corpo e minha mente entraram no processo de desprendimento. Eu estava deitada no sofá da sala da nossa pequena casa depois de voltar de um longo dia na universidade. Já era tarde, por volta da meia-noite, e peguei meu caderno para começar a revisar as anotações de uma aula daquele dia. Eu tinha um teste na manhã seguinte, então senti a constante pressão da academia. Enquanto lia, acabei adormecendo com o caderno apoiado no peito. Tive um sonho vívido em que parecia que estava dentro de um cueiro apertado. Parecia constritivo, mas macio e reconfortante. No sonho, meu corpo estava livre e descansado, embora, acordada, eu sofresse anos de privação de sono e burnout. Esse sonho profético foi um vislumbre de como meu corpo e minha mente poderiam ser. A partir desse vislumbre, pude compreender que é possível me sentir confortável e segura em um mundo duro e frio. Foi terno e real, e comecei a seguir essa vontade e a exigir mais momentos nesse portal de todas as maneiras que pude.

Cresci na Igreja negra e observei o que o espírito pode fazer por e para uma pessoa durante a adoração encarnada.

Além disso, sou obcecada pelo Afrofuturismo. Para mim, é fácil ligar os pontos e considerar o descanso um portal para a cura. Sou muito grata pela minha formação, que me permitiu ver a libertação, o cuidado comunitário, o amor-próprio e a imaginação em tempo real. Assim, tive acesso a um espaço temporário de liberdade em um mundo que odiava minha negritude e minha feminilidade. Eu vi o Espírito Santo se manifestar na Igreja pentecostal e, por isso, estou muito confortável com a encarnação e com a ideia de confiar profundamente no que está acontecendo nos bastidores. São coisas que olhos e ouvidos não podem ver nem ouvir.

Minha mãe é uma guerreira de oração. É seu dom espiritual: quando criança, eu a observava orar ao telefone com os amigos, e orar por mim através do telefone, sentindo o movimento acontecer. Existe a possibilidade de transmutar o trauma em poder. Com comunicação telepática. As células mudam e evoluem. Para mim, o descanso como um espaço generativo é liberdade. Não nos dizem que é possível viver uma vida com possibilidade de descanso profundo, cuidado, lazer e espaço. Não é apenas possível. Está acontecendo e é a base que dará início a um novo mundo. Não podemos continuar a ignorar nosso corpo enquanto aceitamos a cultura da produtividade excessiva.

O descanso no nível somático é uma pequena ressurreição. Sempre me interessei pelo conceito de ressurreição comunitária. Talvez estejamos familiarizados com a ressurreição apenas a partir de uma ótica cristã, com Jesus ressuscitando dos mortos no terceiro dia. Além dessa perspectiva, acredito que a ressurreição é uma ideia poderosa para o ativismo e o rompimento com antigos preceitos. A ressurreição é um despertar para algo novo. É a vida, a percepção, a respiração, a recusa, o pensamento e o movimento que estão vivos e renovados. Descanso é ressurreição. Uma literal ressurreição dos mortos. A cultura da produtividade excessiva é uma morte espiritual.

O descanso é um remédio que nos projeta para o futuro. O descanso rompe barreiras e abre espaço para a invenção.

Acredito que a parte mais profunda da opressão está no roubo da nossa imaginação. Adoro quando alguém diz: "Não sei o que dizer. Estou sem palavras". Em nossa sociedade, vivemos pensando, sempre prontos para teorizar, analisar e atribuir sentido a tudo. No descanso e no sonho, nos entregamos ao desconhecido. Podemos dar lugar a um momento de liberdade. Podemos testar como é estar fora dos limites do capitalismo. O caminho da natureza é o crescimento. Não podemos descansar profundamente de forma consistente sem nos desintoxicarmos das redes sociais e da internet. A tecnologia não foi construída para apoiar nosso descanso ou abrir espaço para ele. As redes sociais são uma extensão do capitalismo, e devemos criticá-las constantemente pelo que fazem com o nosso corpo.

Percebo que o conceito de resistência pode parecer assustador no início. Muitas vezes recomendei o descanso como alternativa à produtividade excessiva, e a resposta imediata de um corpo traumatizado e exausto é: "Como vou pagar o aluguel? Como vou comer? Isso parece incrível, mas não é para todo mundo. Parece um sonho. Não é realista". Agradeço por não ser algo realista e pelo legado de imaginação e energia de engenhosidade que meus ancestrais me deixaram. Agradeço por Harriet Tubman não ter sido realista quando decidiu caminhar para a liberdade, guiada pelas estrelas, por sua intuição e por Deus.

A ideia de que a justiça é irrealista está profundamente enraizada na nossa psique. Fomos socializados desde o nascimento para ignorar as imaginações mais profundas, para nos apressarmos e acreditarmos que nossa vida inteira é construída por tudo o que fazemos pelo capitalismo. É um ataque implacável que acontece a cada dia, a cada hora. O descanso existe para reparar esse trauma, o medo e a desinformação. Eu não estava em um lugar de privilégio quando decidi descansar. Quando comecei a descansar para salvar minha vida e me conectar com meus ancestrais, eu era uma mulher pobre, negra e queer na pós-graduação, com uma dívida de empréstimos estudantis de milhares de dólares. Era estudante em tempo integral, por isso vivia desempregada e/ou mal remunerada. Eu ganhava uma bolsa de apenas doze dólares por hora para estagiar na biblioteca do campus. Também trabalhava de graça em um estágio obrigatório, com uma carga horária intensa, e cuidava de uma criança de seis anos. Sou e fui da primeira geração de estudantes adultos de pós-graduação com um filho e um marido que trabalhava mais de cinquenta horas por semana para pagar o aluguel enquanto eu estudava. Depois que terminei a pós-graduação, não consegui encontrar trabalho na minha área, mesmo depois de fazer inúmeras entrevistas. Lembro-me de chorar sentada na beira da cama porque tinha 25 dólares negativos na conta bancária, não tinha carro e nenhuma economia. Este não é um movimento criado por uma pessoa privilegiada que fala sobre descanso, que não foi traumatizada pelo capitalismo e pela supremacia branca. Estou dizendo que é possível porque sou a garota-propaganda e a testemunha. O descanso salvou a minha vida.

    Este é um experimento de imaginação, de criação de sonhos e de uma política de recusa. Quanto mais cedo você compreender a realidade de que o descanso não é um privilégio ou um luxo, e sim um direito divino e humano que está sempre disponível para nós quando reimaginamos, mais abundante a beleza do descanso se tornará para você. Será um desvendar lento, por isso não tente absorver essa informação com rapidez nem ignorar seu medo. Respire fundo e, pouco a pouco, imagine sua vida bem descansada. Seja gentil e compassivo consigo mesmo. Acomode-se e encontre abrigo. Você pode descansar! Você pode imaginar. Se parece assustador ou impossível, isso faz parte do processo. Você pode criar um portal de descanso, cuidado e imaginação a qualquer momento. Descansar é nosso direito divino. Nosso nascimento nos unge com o poder da divindade.

    Este trabalho é mais do que tirar cochilos, é mais do que literalmente dormir. Como faço para me desprender? Como faço para desprogramar? A resposta é: faça isso aos poucos. Você deve agir com intenção. Deve agir com cuidado. Deve simplesmente acreditar que merece descansar. Nossa autoestima e nosso amor-próprio foram destruídos pelo capitalismo, pelo patriarcado, pelo capacitismo e pelo racismo. Todos esses sistemas nos fizeram acreditar que não somos dignos e que devemos provar nosso valor, trabalhando intensamente todos os dias para podermos receber amor, cuidado, descanso, graça. Nunca é demais repetir o quanto essa mentira é abusiva. A cultura da produtividade excessiva nos levou a acreditar que o sofrimento, a hiperprodutividade e a produção constante oferecem salvação. Isso é mentira.

    Antes de decidir experimentar o que o descanso poderia fazer pelo meu corpo físico e espiritual, eu me esgotava de trabalhar todos os dias. Estava totalmente alheia ao fato de que fazia isso por causa de uma perpétua lavagem cerebral do capitalismo e da supremacia branca. Eu só repetia o que todos ao meu redor estavam fazendo. Estava simplesmente tentando pagar as contas, frequentar as aulas, cuidar do meu filho e viver no meu mundo. Eu não tinha perspectiva externa alguma de como esse ritmo industrial estava me exaurindo. Todos ao meu redor seguiam esse ritmo. Todas as demandas do meu trabalho, aulas, amigos e família formavam um ciclo de operação constante. O silêncio e a tranquilidade só vinham quando eu finalmente me deitava na cama, depois de um dia de quinze horas assistindo às aulas, trabalhando e criando meu filho.

Este movimento de descanso é excepcional porque o mundo inteiro colabora para que não descansemos. O capitalismo continua furioso, e nos mantemos fora da pobreza extrema por um fio. Somos treinados para trabalharmos como máquinas e, para minha mente consciente, isso parecia normal. Quando comecei a descansar, mesmo que fosse um cochilo de vinte minutos ou dez minutos de devaneio diário, o portal do descanso se abriu, e meu corpo físico e espiritual começou a clamar por mais.

Esta é uma forma de pensar, uma mudança de paradigma e um costume que levará tempo para se consolidar. Procurei inspiração em meus ancestrais, e talvez você possa buscar a mesma inspiração nos seus. Este trabalho está fincado no cuidado comunitário e no coletivo, então procure outras pessoas ao seu redor que tenham interesse na cura. Seu coração descansado começará a se conectar de forma natural com outras almas cansadas que buscam descanso e cuidado. Olhei para aqueles que vieram antes de mim e encontraram maneiras de reservar espaço para sua cura. Olhei para aqueles que trabalhavam todos os dias, tentando encontrar uma saída, e me inspirei.

Quando penso em um Espaço do Sonho, penso em um local sagrado. Uma fonte de conhecimento. Um lugar aonde possamos ir que é diferente do peso deste mundo. Um lugar de descanso onde podemos entrar e resolver as coisas. Meu Espaço do Sonho mais profundo veio até mim enquanto eu dormia no sofá. Eu estava assistindo à TV e tirei um cochilo espontâneo — meu tipo favorito — e, à medida que fui entrando nesse estado de descanso, comecei a sentir como se todo o meu corpo estivesse se expandindo no sofá. Senti como se estivesse sendo abraçada pela suavidade. Acordei em menos de trinta minutos, revigorada e pronta para o dia. Penso em um Espaço do Sonho como um lugar que realmente não podemos imaginar. Nossas imaginações mais profundas estão esperando por nós lá: nosso descanso mais verdadeiro, nosso caminho para a cura, o lugar aonde vamos para nos sentirmos seguros. Isso é o que acontece quando descansamos.

Seu corpo tem informações que desejam ser ouvidas. Há informações em seu corpo que lhe permitirão entrar em contato com seus espaços mais íntimos. Este trabalho é sobre incorporação. Não se trata de falar sem parar sobre descanso ou de criar memes nas redes sociais sobre o assunto. Não se trata de repetir todas as coisas que o nosso corpo já sabe. Seu corpo tem informações importantes para compartilhar com você, mas elas só podem chegar até você quando estiver descansado. E se você estiver deixando de ser quem realmente é porque vive exausto?

Acredito que existe muita orientação para nos levar à próxima dimensão da nossa autonomia esperando por nós em nosso estado de descanso, no nosso estado de sonho, em um estado lento e tranquilo. Quantas coisas perdemos porque estamos sempre em movimento, ocupados, criando momentos para preencher agendas? Quando abriremos espaço para que o nosso corpo reflita e para que o nosso coração se expanda, para que possamos nos conectar com quem somos? Nossa exaustão está nos levando ao caminho da destruição. Nossa exaustão não nos levará à libertação. Nada pode resultar da exaustão, a não ser mais exaustão e mais toxicidade e terror. A hora de descansar é agora.

COMO IMAGINAR

Nós imaginamos ao viver em comunidade. Imaginamos recebendo e oferecendo cuidado radical. Imaginamos abraçando e correndo em direção à nossa interconectividade. O individualismo está nos levando ao caminho da exaustão e da morte. O cuidado comunitário nos salvará e poderemos imaginar todas as formas de manifestar e traçar estratégias para o cuidado das comunidades. Um dos meus momentos mais transformadores de cuidado coletivo e interconexão ocorreu quando meu pai morreu de repente e fui abraçada pela comunidade. As pessoas ao redor cercaram cada movimento meu e da minha família. Minha mãe, recém-viúva depois de quarenta anos amando aquele homem, foi cuidada como um bebê recém-nascido. Seus oito irmãos vieram de todo o país para a acompanharem e lamentarem com ela. Faziam mingau para ela de manhã, deitavam na cama com ela, dormiam no porão, em sofás e no chão. Se ela precisasse de alguma coisa, estariam lá em um segundo.

Isso é uma comunidade sagrada. Essa interconexão é a chave para nossa libertação. Quando protegemos, decidimos apoiar e estar presentes uns para os outros com persistência, podemos mudar a opressão. A beleza dessa realidade é que ela se repete de muitas formas em nossa jornada de vida: em formaturas e casamentos. Nas salas de aula e nos tribunais, nas marchas de protesto e nos elevadores, nos campos de batalha e no território das gangues, durante o parto e até mesmo na morte. Estamos intimamente ligados uns aos outros. Podemos encontrar a divindade e descansar um através do outro.

Dada esta experiência de ver o trabalho da interconectividade em ação, como ela se relaciona com a libertação de pessoas exaustas em uma sociedade capitalista opressiva? Como aqueles que vivem à margem podem ativar o poder da mutualidade para a cura coletiva contra a cultura da produtividade? Um encontro com a comunidade pode levar as pessoas que resistem até a libertação e a imaginação? Como o nosso devaneio coletivo constrói uma comunidade? Como podemos nos unir para derrubar o capitalismo por meio do descanso?

O dr. Martin Luther King Jr. é um dos meus mentores teóricos. Em um trecho do clássico *Por que não podemos esperar*, o dr. King descreve a importância da construção intencional de uma comunidade e o poder de organização para a libertação. Quando confrontado com a dura realidade de liderar um protesto não violento pelos direitos civis em Birmingham, Alabama, o dr. King criou um exército radical de voluntários que ajudariam a sustentar o movimento. Ele explica: "Os períodos de convite nas reuniões de massa, quando pedíamos voluntários, eram muito parecidos com os períodos de convite que ocorrem todos os domingos de manhã nas igrejas negras; o pastor faz o chamado aos presentes para se unirem à igreja. Não hesitamos em chamar o nosso movimento de exército. Mas era um exército especial, sem suprimentos a não ser sua sinceridade, sem uniforme a não ser sua determinação, sem arsenal a não ser sua fé, sem moeda a não ser sua consciência".[3] Esse exército se torna um grupo conectado de indivíduos treinados, comprometidos com uma causa e prontos para lutar espiritualmente pela mudança local. Essa é a sacralidade da comunidade radical.

A premissa do nosso trabalho de descanso é que o sistema atual não nos dará permissão, e só poderemos viver o descanso como resistência com uma comunidade de pessoas treinadas e conscientes. Não podemos nos curar sozinhos e devemos elaborar nossas práticas de descanso de forma coletiva, sendo o nosso objetivo a ruptura, a recusa e a cura. Como afirmou o dr. King: "A liberdade jamais é concedida voluntariamente pelo opressor. Deve ser conquistada pelo oprimido". A nossa interconexão é uma forma de resistência que, por vezes, triunfa contra as formas desumanizantes com que o capitalismo e a supremacia branca percebem o mundo. Aqueles que estão aprisionados e alinhados a qualquer um dos sistemas devem fazer o importante trabalho de olhar para si próprios com um coração aberto e um espírito determinado para mudar e transformar. Há um desvendamento mais profundo a ser feito. Nosso cuidado e descanso abrirão uma nova história futura.

Devemos ser determinados. A cultura da produtividade nos mantém distantes de nossa imaginação e em constante estado de explicação, à beira das lágrimas, exaustos, afetados emocionalmente e assustados. Ao abraçar a imaginação e o descanso de forma interligada e radical, como poderemos encontrar a libertação? Como podemos construir uma fortaleza de cuidado e cumprir nosso papel na comunidade? Acredito que nossa própria sobrevivência espiritual contra a cultura da produtividade reside no cuidado coletivo. Não somos nada sem os outros. Não seremos nada, deixaremos de existir se não olharmos atentamente para nosso próprio trauma no que diz respeito à violência da cultura da produtividade. Como você está participando na condição de agente dessa cultura? Você está se alinhando com aqueles que buscam explorar nosso trabalho e nossa atenção? Quero que nos livremos de infligir violência a nós mesmos e uns aos outros porque não paramos por tempo suficiente ou damos um passo atrás para analisar o que acontece quando tentamos acompanhar a cultura da produtividade. Não é possível acompanhar o ritmo industrial que o capitalismo exige. Não é sustentável, e o primeiro passo para sair desse ritmo e criar espaços de descanso e cuidado é ampliar sua imaginação.

O conceito de descanso como resistência é uma contranarrativa à história dominante. O protesto e a resistência não abarcam uma perspectiva apenas. É o que está acontecendo, de fato, nos pequenos e importantes detalhes da nossa vida. É afirmar: "Não, esta não é a história completa. Eu tenho outra perspectiva. Posso falar por mim mesmo". É viver quando alguém disse que você deveria morrer. É se concentrar na alegria quando a dor e a opressão o cercam todos os dias. É viver sua verdade, mesmo quando seu coração treme só de pensar em estar vulnerável. É tirar um cochilo quando toda a cultura o chama de preguiçoso. É dormir quando o capitalismo diz que você não está fazendo o suficiente. É honrar um dia, uma semana, um segundo para o sabá. É reimaginar como pode ser um sabá com base em sua própria história. A resistência é se deitar quando lhe dizem para continuar. É ouvir a voz sussurrando dentro de você para ser produtivo quando respirar é tudo o que você precisa fazer. Apenas continue descansando. Continue repetindo para si e para as pessoas ao seu redor que o descanso é a sua resistência. A repetição é um conceito poderoso para promover a desprogramação, e espero que você mantenha a cabeça no travesseiro e nas estrelas imaginando novos mundos. Repita as seguintes meditações dia após dia.

....

MEDITAÇÕES PARA DESCANSAR

1. Eu mereço descansar agora.
2. Eu sou digno de descanso.
3. Eu não sou preguiçoso. Como poderia? Meus ancestrais são brilhantes demais para isso.
4. O capitalismo quer que o meu corpo seja uma máquina. Eu não sou uma máquina.
5. Sou um ser humano mágico e divino.
6. Tenho o direito de resistir à cultura da produtividade excessiva.
7. Não preciso merecer o descanso.
8. Faça como eu, faça menos.
9. Tranquilidade é meu direito de nascença.
10. Eu Vou Descansar!

....

CONCLUSÃO

Vá para a sua cama. Vá para o sofá. Encontre uma rede. Entre no portal dos cochilos. Vá até lá com frequência. Você não precisa esperar a permissão da cultura dominante. Seu corpo é divino e soberano. Vá para seus espaços de descanso, alegria e liberdade. Crie esses espaços na sua imaginação. Na sua comunidade. Na sua casa. No seu espaço de trabalho. No seu coração. Sonhe acordado coletivamente. Faça todas essas coisas com outras pessoas. Não vamos nos curar sozinhos. Não vamos prosperar sozinhos. O cuidado comunitário é nossa graça salvadora e nossa comunhão. O cuidado comunitário vai nos salvar. Já está nos salvando. Não haverá respostas instantâneas a nossas perguntas sobre o descanso como resistência. Não desejamos nada rápido e instantâneo porque assim ignoraríamos nossas complexidades como seres humanos. Devemos ser mais humanos. Queremos nos banhar e mergulhar em nossas complexidades. Queremos fazer tudo no nosso tempo. Queremos explorar o poço sem fundo de sabedoria e surpresa que nos espera dentro do portal do descanso. Há poder nas nuances e na expansividade. Entre na água. Mergulhe nas profundezas do oceano dentro de você. Flutue lá. Descanse lá. Imagine e sonhe lá. Acabou o tempo das mentiras da supremacia branca e do capitalismo. Nós sabemos. Os véus foram levantados e, a cada cochilo, estamos mais perto de nos vermos como realmente somos. Sabemos que não será fácil, pois os sistemas ganharão mais poder antes de enfim se esgotarem. À medida que descansamos coletivamente e nos desprendemos da cultura da produtividade excessiva, camadas são removidas para mostrar a verdade sobre nós mesmos. Somos mais do que aquilo que já nos foi dito e devemos continuar a ver uns aos outros e a nós mesmos, não importa o quanto pareçamos distorcidos e exaustos. Vá para a sua cama. Aceite tudo o que você ignorou e depois descanse mais. O que o seu corpo quer? Do que a sua alma precisa? Quais são os sussurros que foram silenciados pelas engrenagens da cultura da produtividade? O que deixamos de ver em nossa urgência e pressa? Este é apenas o começo e, por esta verdade, devemos ser gratos pela consciência, pela informação, pelo poder e pelo tempo recuperados. Isto é uma transmissão. Um manifesto pela jornada do descanso. Volte a lê-lo sempre. Mantenha-o por perto. A mensagem continuará se repetindo. Enxergue isso como uma prova de que você não está sozinho em seu desejo de se libertar da exaustão. Nosso grito de guerra e mantra é: "NÓS VAMOS DESCANSAR!". Afirme em seu coração, sussurre para todos ouvirem, repita ao adormecer, diga à pessoa a seu lado: "Nós vamos descansar! Nós vamos descansar! Nós vamos descansar!".

Agradecimentos

Este livro não existiria sem as seguintes pessoas que me ergueram e me envolveram na mais pura energia do cuidado comunitário. Profunda gratidão a:

Meu marido e parceiro de vida, Tommy. Quando eu quis desistir, você não permitiu. Suas palavras, presença e apoio eterno tornaram meu tempo de criação deste livro tranquilo e protegido.

Helen Hale, minha colaboradora artística e irmã criativa. A arte que criamos com orações, velas e visão mudou vidas. Obrigada por estar no submundo das possibilidades comigo.

Minha mais profunda gratidão às minhas comunidades em Atlanta e na minha cidade natal, Chicago, que acreditaram nesta mensagem de descanso desde o momento em que foi sussurrada pela primeira vez. Àqueles que doaram horas do seu tempo para cuidar de espaços sagrados de descanso e cuidado:

Yellow Mat Wellness, John e Katherine Heinz, Free Street Theatre em Chicago, Krista Franklin, Jamila Raegan, Tracie Hall da Rootwork Gallery, Charlie Watts, The Black Mecca Project e, mais importante, os milhares de pessoas que vieram às nossas instalações de descanso para tirar uma soneca e reservar espaço para cuidados coletivos. Obrigada por confiarem em mim para guiá-los ao portal do descanso, pela sua vulnerabilidade e compromisso com o desprendimento dos sistemas. Que todos possamos encontrar e criar momentos de descanso onde quer que estejamos.

A biblioteca do Ministério do Cochilo

Estes livros têm sido uma tempestade silenciosa em meu entendimento de libertação, descanso e resistência. Que eles o auxiliem em sua peregrinação de descanso ao longo da vida. Pode levar anos para realmente se envolver com apenas um título desta lista. Por favor, não se apresse nem veja isso como uma competição de leitura. Não há urgência, apenas a alegria do descanso, estudo e pesquisa ao longo do percurso.

Por que não podemos esperar, de Martin Luther King Jr.
A Black Theology of Liberation, de James Cone
Womanist Theological Ethics: A Reader, organizado por Katie Geneva Cannon, Emilie M. Townes e Angela D. Sims
Renaissance, de Ruth Forman
Slave Testimony: Two Centuries of Letters, Speeches, Interviews, and Autobiographies, organizado por John W. Blassingame
Slavery's Exiles: The Story of the American Maroons, de Sylviane A. Diouf
Making a Way Out of No Way: A Womanist Theology, de Monica A. Coleman
Tudo sobre o amor: Novas perspectivas, de bell hooks
The Selected Works of Audre Lorde, organizado por Roxane Gay
Meditations from the Heart, de Howard Thurman

Notas

INTRODUÇÃO [pp. 19-48]

1. James W. Blassingame, *Slave Testimony: Two Centuries of Letters, Speeches, Interviews, and Autobiographies*. Baton Rouge e Londres: Louisiana State University Press, 1977, pp. 217-8.

PARTE 1: DESCANSE! [pp. 49-90]

1. Ana Sandoiu, "Do Black Americans Get Less Sleep Than White Americans?". *Medical News Today*, 18 ago. 2020.
2. Alice Walker, *In Search of Our Mothers' Gardens*. Nova York: Mariner Books, 2003. [Ed. bras.: *Em busca dos jardins de nossas mães: Prosa mulherista*. Rio de Janeiro: Bazar do Tempo, 2021.]
3. Monica A. Coleman, *Making a Way Out of No Way: A Womanist Theology*. Minneapolis: Fortress Press, 2008, p. 86.
4. Derek Thompson, "Social Media Is Attention Alcohol". *The Atlantic*, 17 set. 2021.
5. James H. Cone, *A Black Theology of Liberation: Fortieth Anniversary Edition*. Nova York: Orbis Books, 2010, p. 27.
6. bell hooks, *All about love: New Visions*. Nova York: HarperCollins, 2001. [Ed. bras.: *Tudo sobre o amor: Novas perspectivas*. São Paulo: Elefante, 2021.]

PARTE 2: SONHE! [pp. 91-122]

1. Octavia Butler, *Parable of the Sower*. Nova York: Four Walls Eight Windows, 1993. [Ed. bras.: *A parábola do semeador*. São Paulo: Morro Branco, 2018.]

2. Katie Geneva Cannon, Emilie M. Townes e Angela D. Sims, *Womanist Theological Ethics: A Reader*. Louisville: Westminster John Knox Press, 2011.

3. Audre Lorde, *The Selected Works of Audre Lorde*. Nova York: W. W. Norton, 2020.

4. James W. Blassingame, *Slave Testimony: Two Centuries of Letters, Speeches, Interviews, and Autobiographies*. Baton Rouge e Londres: Louisiana State University Press, 1977, pp. 109, 217-8, 220-1.

5. bell hooks, "Love as the Practice of Freedom". In: *Outlaw Culture: Resisting Representations*. Nova York: Routledge Classics, 1994. [Ed. bras.: "Amor como prática da liberdade". In: *Cultura fora da lei: Representações de resistência*. Elefante, 2023.]

PARTE 3: RESISTA! [pp. 123-48]

1. Sylviane A. Dipuf, *Slavery's Exiles: The Story of the American Maroons*. Nova York: New York University Press, 2014.

2. Ibid., p. 380.

PARTE 4: IMAGINE! [pp. 149-84]

1. Octavia Butler, "A Few Rules for Predicting the Future". *Essence*, 2000.

2. Hua Hsu, "How Sun Ra Taught Us to Believe in the Impossible". *The New Yorker*, 28 jun. 2021.

3. Martin Luther King Jr., "Letter from Birmingham Jail", 16 abr. 1963.

TIPOGRAFIA Adriane por Marconi Lima
DIAGRAMAÇÃO BR75
PAPEL Pólen Natural, Suzano S.A.
IMPRESSÃO Lis Gráfica, julho de 2024

A marca FSC® é a garantia de que a madeira utilizada na fabricação do papel deste livro provém de florestas que foram gerenciadas de maneira ambientalmente correta, socialmente justa e economicamente viável, além de outras fontes de origem controlada.